KB261883

神話/說話

神話 / 說話

金 烈 圭 著

한국학술정보㈜

서 문

한국의 신화와 민담 그리고 민속에 관한 자질구레한 얘기를 추스려 보았다. 이삭을 주운 폭이 되기는 하지만, 원 소출이 워낙 시원찮았고 보면 이삭이야 처음부터 줍지 말아야 했는지도 모른다.

신화의 경우 대체로 개설적인 글이 되게 마음을 썼다. 고조선부터 고려왕조까지의 신화가 그런 눈으로 그려졌고, 내친김에 오늘날에까지 끼쳐져 있는 신화적인 것의 그림자도 밟아 보았다. 그것은 오늘날을 살고 있는 한 인간으로서 신화를 생각해 보고 싶었기 때문이다.

민담도 원칙적으로 그런 안목으로 바라보느라고 보았다. 하지만 신화와 달라 민담은 동화가 그러하듯 오늘날의 우리 속에 살아 있는 전승(傳承)임을 생각한 나머지 우리들의 생활현장 속에서 보거나 그것과 관련지어 보도록 하였다. 제3부 민속편도 대체로 비슷하다. 앞으로는 신화를 비롯한 민간전승을 조금은 더 나의 언어로, 나의 상상적인 언어로 쓰고 싶다. 즉 신화를 두고 조금은 문학적인 글을 쓰고 싶은 것이다.

언젠가 있을 그 글에 기대어 오늘의 초라한 이삭의 부끄러움을 가릴 수 있었으면 좋겠다.

1975년 11월

김 열 규

차 례

제1부 신 화(神話)

단군신화를 그림 묘석표(중국 산동성)

1. 한국 신화의 개관(槪觀)

(1) 한국 신화 연구의 현황

한국 신화는 현금에 이르도록 주로 한국 사학자(史學者)들에 의해 수행되었다. 그들은 주로 신화에 의해 잃어진 과거의 역사를 재구(再構)하거나 아니면 역사적 현실을 반영하는 자료로써 신화를 이용하거나 하였다. 그들에게 있어 신화는 역사적 현실의 소산(所産)이었고 역사적 문헌이기도 한 셈이었다. 신화는 그 전체적인 문맥이 간과(看過)되고 다만 그들에 의해 필요하다고 인정된 부분만이 단편적으로 역사를 보완하는 자료로써 다루어졌을 뿐이다.

따라서 신화의 전모는 신비한 불가사의(不可思議)의 허구(虛構) 정도로 간주되기 일쑤였다. 전체로서는 역사 이전의 신화이고 부분적으로는 역사적 현실을 반영하는 사료(史料) — 그것이 곧 역사라는 모순을 감출 수 있었다. 어떻게 해서 전체적인 유사 이전(有史以前)의 신화가 부분적으로 역사적 현실을 뒷받침할 수 있는가 하는 의문에 대해 적절한 해답을 마련한 것도 아니었다. 이러한 경향을 우리들은 역사적 실증주의(實證主義)라 불러도 좋을 것이다.

한편 한국 신화에 대한 연구는 그 시초에 있어서부터 민속학(民俗學)에 있어서의 이른바 낭만주의(浪漫主義)로 물들여져 있었다. 신화에서 민족의 이념(理念)을 찾고 그것을 지주로 하여 민족정신을 구축하자는 신화적(神話的) 민족주의(民族主義)가 강한 세력을 갖고 있었다. 일부 역사적 실증주의자는 신화적 민족주의자이기도 했다. 신화에는 역사적 현실이란 기반을 부여하는 것이 무엇보다도 설득력 있는 민족적 이념의 형성에 도움이 되리라고 믿었기 때문이다. 민족주의는 오늘날에도 상당히 강한 힘을 가지고 있다. 무엇보다도 신화에서 유래된 종교(宗敎)가 상당한 수의 신도(信徒)를 가지고 있다는 사실이 엄존하고 있는 것이다.

오늘날 한국에 있어서의 신화연구(神話硏究)가 배제하여야 할 장애 가운데의 하나로서 전적으로 무시할 수도 없는 것에 일인학자(日人學者)들의 그 방면의 연구가 있다. 그들 가운데 일부는 현대의 인류학(人類學)이나 민속학(民俗學)의 방법을 도입함으로써 한국 신화의 연구를 과학적(科學的)으로 수행하고자 하기는 하였다. 그러나 불행하게도 그들의 전반적 추세는 그렇지 못했다. 때로는 노골적으로 때로는 은근하게 식민정책과 야합하여 그들의 연구를 수행해 나갔던 것이다. 제2차 대전 당시와 이전에 일본 제국주의(帝國主義)가 스스로 자처하였던 바 아시아의 지배자답게 그들의 신화와 한국의 신화를 시야를 넓혀 비교, 신화학적(神話學的)으로 추구할 때에도 실제로는 그들의 마음은 몹시 좁은 것이었다. 북방(北方) 아시아 대륙과 동남(東南) 태평양지역(大平洋地域)의 신화를 배경으로 하여 한·일 양국신화를 비교함에 있어서도 한국신화는 그 양쪽 신화의 전파에서 유래된 독자성(獨自性) 없는 혼합이고 일본신화는 아시아 대륙과 태평양 연안과의 연관성을 초월하여 매우 독자적이고 발전적이라는 것이 그들의 결론이었다.

오늘날 한국에 있어서의 신화 연구는 신화학적인 처지에서, 그리고 민속학적인 처지에서 서서히 새 방향이 모색(摸索)되고 있다. 신화의 문맥 전체를 두고 완벽하게 수행되어 가고 있는 것은 아니라 해도 한편의 신화를 이루고 있는 주요 골자들— 서사문학적(叙事文學的)인 「플롯」의 단락들이 어떠한 제의(祭儀)와 관련을 맺고 있는 것인가를 밝힘으로써 신화가 종교 및 종교성을 띤 사회적 제도·구조·조직 등에 대하여 갖고 있는 쌍분성(雙分性, dualism)을 추적하고 있다.

한편의 신화구조가 현전(現傳)하는 민족제의(民族祭儀)의 구조를 결정짓고 있다는 사실을 밝힘으로써 한국 민간전승(民間傳承)이라는 종적(縱的)인 맥락 속에서 신화를 이해하려 하고 있다.

이와 대조적으로 멀리는 「퉁구스」족, 「푸로토 시베리아」족들, 가까이는 중국, 만주, 일본 등의 신화와 한국신화를 비교하면서 횡적(橫的)인 넓이 속의 한국신화의 모습을 살펴 가고도 있다. 일부에서는 동남아 태평양 연안지역의 신화들과의 비교도 진행되고 있다. 제주도에 현전(現傳)하는 「샤머니즘」의 신화의 연구에 있어 이 방면(方面)·지역과의 비교가 보다 더 활발한 움직임을 보이고 있다.

이러한 새로운 변화가 문화인류학(文化人類學) 테두리 속에서 생겨난 것이라고 보여짐에 비해 민속학(民俗學), 특히 구전문학론(口傳文學論)의 처지에서도 새로운 변화가 생겨나고 있다.

여기에서는 신화가 무엇보다도 구술(口述)된 민간문학으로 다루어지고 있다. 신화가 서사문학(叙事文學)으로서 지니는 「장르」상의 특색이 주로 살펴지고 있다.

본고(本稿)는 이러한 새로운 신화 연구에 있어서의 변화를 배경으로 하여 근자에 그 새로운 윤곽을 드러내기 시작한 한국 신화의 모습을 되도록 간략하게, 그러면서도 고증(考證)과 더불어 제시해 보고자 한다.

(2) 한국 신화와 시조숭배(始祖崇拜)

한국 신화는 극히 한정된 내용을 지니고 있다. 천지(天地)의 창조라든가 인간의 시작, 만물의 원천 등에 관한 애기는 문헌에 기록된 상고대신화(上古代神話) 가운데는 없다. 현전하는 무속신화(巫俗神話)에 그러한 신화소(神話素)가 있다 해도 단편적일 뿐이다. 또한 신과 신의 애기, 가령 신들의 투쟁, 신들의 사랑 등을 주제로 한 애기도 없다.

고구려· 백제· 신라 그 밖에 단군왕조로 표현되기도 하는 「고조선(古朝鮮)」 또는 부여(夫餘) 등 상고대 국가의 시조가 어떻게 태어나서 어떻게 왕위(王位)에 오르게 되었는가 하는 신화를 가지고 있을 뿐이다. 한국 역사학계에서나 민속학계에서는 흔히 이를 시조신화(始祖神話)라 불러 왔다.

시조에 관한 애기를 주로 하되 아주 배타적으로 시조에만 국한되어 있는 것이 아니다. 초대(初代) 왕이 아닌 2대 왕이라 할지라도 그 탄생에 신화적인 「모티프」가 투영되어 있는 것이다. 고구려 2대왕 유리(瑠璃)의 탄생에 관한 애기나 부여의 2대 왕 금와(金蛙)의 탄생에 관한 애기 등이 그 예가 될 것이다.

말하자면 한국 신화는 건국시조와 이에 버금할 왕들의 탄생과 등극을 주류로 삼고 있는 것이다. 이러한 현상은 『삼국유사

(三國遺事)』, 『삼국사기(三國史記)』, 『제왕운기(帝王韻記)』, 『동국이상국집(東國李相國集)』 등 고려조의 문헌을 비롯해서 『세종실록 지리지(世宗實錄地理志)』, 『동국여지승람(東國輿地勝覽)』 등 이씨(李氏) 왕조의 문헌들에 정착된 상고대 신화에서 현저하다.

사정은 현전(現傳)하는 「샤머니즘」의 신화에 있어서도 비슷하다. 이 방면의 신화 가운데 양적(量的)으로 보아 압도적 다수일뿐더러 각종 「샤머니즘」의 제의(祭儀)에서 갖는 의의로 보아도 가장 중요하고도 핵심적인 것이 역시 여러 무신(巫神)들의 기원에 관한 얘기인 것이다.

「본향(本鄕)풀이」란 이름의 신화는 그 가운데서도 가장 대표적인 것이다. 「본향(本鄕)」이란 원천(源泉)· 기원(起源)· 출생지(出生地) 등의 의미를 가지고 있다. 「풀이」란 신들에 관한 얘기란 뜻을 가지고 있다고 보여진다. 이들 「샤머니즘」의 신화들은 한 주인공이 무신(巫神)으로 숭앙받게 된 유래와 그 신격(神格)이 지닌 힘에 관해서 얘기하고 있다. 이들 신화는 한 마을의 풍요, 한 가정에 찾아든 재앙의 퇴치, 한 개인의 병의 치료 등을 위한 각종 제의(祭儀)에서 무당의 입을 통해 영창(咏唱)된다. 그러한 제의의 핵의 하나가 이 신화들의 영창인 것이다. 이들 신화가 성무식(成巫式), 즉 「샤먼이니세이션」에서 영창(咏唱)됨은 말할 것도 없다. 오늘날의 「샤머니즘」에 있어서 신화는 각종 제의와 함께 생동하고 있는 것이다. 제의가 베풀어질 때마다 신의 탄생과 그 신격(神格)이 되풀이 영창되고 있는 것이다.

현전하는 「샤머니즘」에 있어서도 창시자(創始者), 최초의 신들의 탄생과 그 생에 관한 얘기가 신화의 대종(大宗)을 이루고 있는 것이다. 이 사실을 문헌에 정착된 상고대 신화가 건국시조(建國始祖)에 관한 애기라는 사실과 대비시켜 볼 때 한국 신화의 주류가 명백해질 것이다.

뿐만 아니라 가령 『삼국유사(三國遺事)』에 실린 「혁거세(赫居世) 신화」도 그 서두에 혁거세 아닌 육씨족(六氏族)의 씨족조(氏族祖)에 관한 애기를 하고 있다. 육씨족조(六氏族祖)란 신라가 왕정에 의한 국가형태를 취하기 전에 육씨족을 각각 지배하였던 통치자 중 최초의 통치자를 일컫는 것이다. 그 육씨시조는 모두 혁거세가 그러한 것처럼 각기 하늘에서 산정으로 내려온 것으로 기록되어 있다. 하늘에서 내려오되 그 지상의 자리가 산정(山頂) 내지 산이란 「모티프」는 혁거세(赫居世), 수로(首露), 단군(檀君)의 부신(父神)인 환웅(桓雄) 등의 애기에 보이는 하강(下降) 「모티프」와 동형인 것이다. 그러므로 육씨족의 하강 「모티프」는 적어도 혁거세 신화가 지닌 하강 「모티프」의 원형일 수 있는 것이다. 이것을 건국시조 신화의 하나인 혁거세 신화 이전에 이미 씨족조 전승이 전래되고 있었음을 의미하게 된다.

이처럼 건국시조 신화에다 현전 「샤머니즘」의 무조신화(巫祖神話), 다시 씨족조신화(氏族祖神話)들을 더하여서 이들을 총체적으로 고찰하게 될 때 우리들은 한국신화의 대종이 국가나 씨족 또는 종교신앙의 창시자에 바쳐진 애기임을 알 수 있게 된다. 요컨대는 시조신화가 한국 신화의 주맥(主脈)인 것이다.

이 주맥은 고려왕조의 건국전설이나 이씨왕조의 창건전설(創建傳說)에까지 여맥을 뻗치고 있다. 중세기에 비롯된 왕조들마저 상고대 신화의 영향 속에서 그들의 시조를 신격화하는 전설을 창작한 것이다.

즉, 고려왕조의 혈통에 관한 기록인 『고려사세계(高麗史世系)』는 고려의 제일대인 왕건(王建)의 부조들의 신비로운 사적(事蹟)으로 엮어져 있고, 이씨왕조 창건을 찬양한 장편시(長篇詩)인 『용비어천가(龍飛御天歌)』는 그 상당한 부분이 이씨왕조의 제일대왕인 이성계(李成桂)의 역대 선조들이 겪은 신이(神異)의 사적(事蹟)을 노래 부르고 있는 것이다.

시조신화로서의 한국 신화의 주맥이 비단 후세의 왕조에만 그 여맥을 끼치고 있는 것은 아니다. 한국이라는 전통사회의 한 단면을 그 무엇보다도 단적으로 나타내 보여주고 있다고 믿어지는 족보(族譜)에까지 그 여맥은 뻗어가고 있다.

그 일례를 보자. 강화도를 그 본거지로 삼고 있는 강화 봉씨(奉氏)는 봉우(奉祐)를 시조로서 숭상하고 있다. 봉우는 고려왕조의 명신(名臣)의 하나다. 그는 하늘에서 번개가 치고 난 뒤 강화도의 한 연못에서 석함(石函)에 담겨져서 발견된다. 현재 전해지고 있는 그의 전설의 앞뒤 문맥으로 보아 그의 생명의 탄생에 번개가 개재되어 있는 것은 명백하다. 그것은 그의 탄생을 하늘의 뜻으로 이루어진 것으로 삼으려는 의도를 내포하고 있는 것이다.

이처럼 봉우는 하늘의 원리와 관련을 짓고 탄생된 직후 버려진 상태로 발견된다. 이것은 혁거세(赫居世)나 김알지(金閼智) 〔新羅 金氏王系의 시조〕· 석탈해(石脫解) 〔新羅 石氏王系의 시조〕· 수로(首露) 〔駕洛國의 建國始祖〕 등의 탄생 직후의 상황을 연상시켜 주기에 족하다.

더욱이 봉우는 처음 발견될 때 석함 속의 영아(嬰兒)였다. 그리고 노파에 의해서 발견된다. 이 두 가지 사실은 석탈해의 탄생 직후의 상황과 매우 비슷하다. 석탈해는 물결따라 흘러 온

표류상자(漂流箱子) 속의 영아로서 노파에 의해 발견되고 또 길러진 것이다.

시조(始祖)들이 버려진 상태로 발견된다는 신화 내지 전설들의 「모티프」가 한국의 민간인 생활습속이 지닌 기아(棄兒) 사실과 무슨 연관이 있을 듯하나 저자로서는 아직 그것을 확언할 수가 없다.

경상남도 일부지방에서는 탄생 직후의 어린아이를 비록 짧은 동안이나마 일정 기간에 걸쳐 상자 등속의 용기(容器)에 담아 시렁 위나 뒤뜰에 내다 두는 습속이 최근까지도 지켜졌던 것이다. 그 절차가 영아의 장수(長壽)와 안전을 보장한다고들 믿고 있다. 그런가 하면 다른 지방에도 이 비슷한 습속이 시행되었다. 즉 먼저 태어난 아이들이 모두 단명하였을 때 그 부모로서는 새 아기의 장수에 각별히 신경을 쓸 수밖에 없을 것이다. 그때 부모들은 새 아기를 광우리 등속의 그릇에 담아 일정기간 동안 버려진 상태로 있게 하였던 것이다.

한국의 시조신화 내지 시조전설이 갖는 기아(棄兒)「모티프」가 무엇을 의미할 것인지는 확실치 않다. 신격적(神格的)인 인물 또는 시조로서 숭앙될 만한 위대한 인물이 피안적인 세계, 어떤 타계에서 온 인물로서 상념되었고 그 상념에 현실적인 근거를 부여하기 위해 신생아(新生兒)를 탄생 직후에 버려진 상태로 두었다가 재수용하는 의례적(儀禮的)인 절차가 있었던 것이 아닌가 하는 추측이 가능할 것이다.

이와 같이 한국 신화가 시조전승이라는 사실이 한국적인 조상숭배와 관련이 있을 것은 명백하다. 실제로 신라왕조에서는 혁거세와 그 비(妃)인 알영(閼英)의 탄생지가 성지(聖地)로 숭앙되었을 뿐만 아니라 혁거세를 위한 신사(神社)가 세워지고 그곳에서의 제의(祭儀)가 제도화되어 있었다. 고주몽(高朱蒙)도 그의 모비(母妣)와 함께 시조신으로서 고구려족에 의해 숭앙되었다. 이 경우 고주몽의 부친인 해모수가 사후에 신격화되지 못함에 비해 그의 모비가 신격화되어 그 아들과 한 짝이었다는 것은 매우 흥미롭다. 그것은「모신(母神)과 젊은 아들 신」의 짝으로서의 성격을 가질 만한 것이기 때문이다. 이것이 제임스(E. O. James)가 이르는 바의「모신과 젊은 남신(男神)」이라는 짝과 어떻게 대비될 것인가는 새로운 과제가 될 것이다.

실제로 베풀어졌던 혁거세와 고주몽에 대한 시조 숭배의 제의와 한국 신화는 표리관계를 이루고 있는 것이라 보아야 할 것이다. 그리고 한국의 전통문화의 핵의 하나인 조상숭배의 연원(緣源)을 여기에서 찾아야 할 것이다.

(3) 한국 신화와 통과제의(通過祭儀)

한국 신화는 수가 많은 것도 아니고 그 규모가 큰 것도 아니다. 신화학 일반의 처지에서 보면 오히려 미미하다고 할 수 있을 것 같다. 그러나 전기적(傳記的) 신화로서 갖추고 있을 구조상의 요건들에는 빠짐이 없다. 말하자면 신격적인 인물의 생애담으로서는 제대로 규모를 갖추고 있는 것이다. 따라서 통과제의(通過祭儀)를 두고는 다각적으로 문제가 다양하게 전개될 수 있는 기반을 갖추고 있다.

본장(本章)에서는 한국 신화가 비쳐 주고 있는 약간의 통과제의를 살피고, 아울러 동북 아시아에 있어서의 한국 신화의 위치를 시사(示唆)하고자 한다.

　한국 신화(특히 문헌에 정착된 상고대 신화)는 신성현시(神性顯示, hierphant)로 시작된다. 그 현시(顯示)는 왕의 탄생과 때를 같이하여 나타난다. 이에서 신성현시는 왕의 탄생에 대한 전조(前兆)를 이루거나 왕의 탄생 그 자체가 된다. 따라서 이 땅의 신화는 신성왕권을 위한 전승이 되는 셈이다. 그러나 이 것이 곧 한국 신화가 국가 형성 후 왕권의 수립과 함께 비로소 전승되기 시작하였다는 것을 의미할 수는 없다.

　『삼국유사』「혁거세조(赫居世條)」에는 " 시초에　표암(瓢岩)에 하늘에서부터 내려왔다"라고 한 이씨조를 비롯하여 육씨조가 모두 하늘에서부터 내려왔다는 것으로 기록되어 있다. 씨조전 승(氏祖傳承)은 혁거세 전승의 원형이다.

　신성왕권(神聖王權)의 신화는 이러한 씨조전승을 바탕으로 하여 구성된 것이다. 뿐만 아니라 상고대(上古代) 씨족전승은 후세 몇몇의 족보에도 그 자취를 미쳐서 씨족전승의 전통을 형 성하게 된 것은 이미 보아 왔다. 여기서 저자는 이것이 나아가 서 일본신화의 원형일 수도 있다는 점을 미리 지적해 두고 싶 다. 일부 일인 학자는 이른바 「천손강림(天孫降臨)」 주지(主旨) 가 일본 신화의 골격이고 그것은 그 연원이 한국에 있음을 지 적하고 있다.

　신성현시(神聖顯示)에는 제전(祭典)이 수반되었다. 『가락국기 (駕洛國記)』의 「임인삼월계욕지일(壬寅三月楔浴之日)」 이하 「함 흔이가무(咸忻而歌舞)」 〔감복도 하고 기뻐하며 춤추고 노래 불 렀다〕까지의 기록이 그것이다. 신화를 대한 직후 신성의 현시 를 인간들은 주사(呪詞)와 노래와 춤으로써 접한 것이다. 신화 의 내용을 춤추어진 것이라는 「마렛트(Marette)의 명제」를 우 리 신화에서도 확인할 수 있다. 이것은 우리 신화가 가지고 있 는 제전적(祭典的) 기반에 대해 증언하게 된다. 우리 신화가 제전(祭典)의 「구술상관물(口述相關物)」임을 말하여 주게도 된다. 이것이 우리 신화가 지닌 현실적 기초인 것이다.

『삼국유사』「혁거세조」의 「3월삭(三月朔)」이하 " 이때 높은 곳에 올라가서 남쪽을 바라보았다"까지의 기록은 『가락국기』의 영신제전(迎神祭典)이 지녔던, 이른바 「제의적(祭儀的) 연희(演戲)」가 평면화된 것과 같은 표현이라는 데 착안하게 되면 혁거세 신화에 있어서의 신성현시에도 제전이 수반되고 있었음을 알게 된다.

단군신화의 " 태백산 꼭대기에 있는 신단수하(神壇樹下)에 내려 왔다. 이를 신시(神市)라고 했다"는 기록을 이른바 「세계계(世界桂)」를 의지해서 천계(天桂)를 상하하는 「모티프」를 수반한 북방아(北方亞) 대륙의 「성무식(成巫式, Shaman-initiation) 절차를 반영하고 있는 만큼 그 제전적 기반을 추정하기 어렵지 않다.

단군신화의 이 기록부분은 현전(現傳)하고 있는 농촌 마을의 민속제의인 각종 「서낭굿」, 「서낭제(祭)」에서 마을의 수호신이 마을에 재현하였다가 다시 되돌아가는 절차에 대응되고 있다. 이 점에서 단군신화는 오늘날의 한국 농촌사회에 살아 있는 것이다. 한국 농촌사회는 아직도 신화를 간직하고 있다.

한편 고구려 신화가 지닌 신화현시에 따르는 전체적 기반의 추출에는 좀 복잡한 절차가 필요하다. 즉 『삼국유사(三國遺事)』나 『이상국집(李相國集)』의 「동명왕(東明王)편」, 그 밖에 「광개토왕 비문」에서와 해모수(解慕漱)의 강천(降天)에서 직접 구체적인 제전절차를 보아 내기는 어렵다.

그러나 다행히도 「동명왕편」에 " 왕이 유리(瑠璃)에게 묻되, 그대가 진실로 내 아들이라면 무슨 신성(神聖)함을 지녔느냐고 하자, 유리는 이에 응하여 몸을 날려 나무로 만든 창살을 타고 하늘에 올랐다. 드디어는 태양에까지 맞닿자 왕은 크게 기뻐하여 유리를 태자(太子)로 삼았다"라는 기록이 있어서 제의절차의 추정을 가능하게 해주고 있다. 이 기록 가운데" 몸을 날려 하늘에 올라 해와 맞닿았다" 함은 북방아 대륙 입사식(入社式) 절차 중의 「고공도약(高空跳躍)」 내지 「주술적비상(呪術的飛翔)」의 「모티프」에 해당되리라고 생각된다. 이때 제시된 기록에 선행하여 나타나는 「수수께끼 풀이」와 「잃어버린 물건 찾기」 및 「단검부합(斷劍符合)」 등의 「모티프」가 입사식(入社式) 절차의 구술상관(口述相關)임을 고려하여야 할 것이다. 「수수께끼 풀기」와 「물건 찾기」가 입사식 시련인 것이다. 그리고 무엇보다도 유리왕(瑠璃王)의 기록이 태자책봉(太子冊封)이라는 「이니세이션」을 나타내고 있음에 유념해야 한다. 유리(瑠璃)의 이 같은 「고공도약」 내지 「주술적 비상」은 그 신성모형을 지니고 있다. 즉 유리(瑠璃)의 부왕(父王) 동명(東明)은" 천상(天上)을 왕래(往來)하면서 하늘의 정사(政事)에 참획하였다" 또는" 언제나 기린마(麒麟馬)를 타고 하늘에 일들을 아뢰었다" 등으로 일컬어지고, 또 그의 조신(祖神)인 해모수는" 시초에 공중으로부터 내려오되 오룡거(五龍車)를 타고 백여인의 종자를 거느렸다"로서 일컬어지고 있거니와, 그들은 모두 천상의 내왕이 가능한, 즉 「주술적 비상」을 행할 수 있는 사람으로 믿어졌던 것이다.

이에서 해모수·동명·유리(瑠璃)를 일관하여 꿰뚫고 있는 맥락이 존재함을 알게 된다. 그것은 다름아닌 「주술적 비상」이다. 그럴진대 유리왕의 태자책봉식이 신성현시와 관련되었을 때 제전적 현실을 그 바탕에 가졌던 것과 같은 것이 해모수와 동명전승 속에 나타나 있는 신성현시의 근저에도 존재하였으리라는 추정을 할 수 있게 된다. 이에서 우리들은 다음과 같은 새로운 명제를 얻게 된다. 즉 한국 신화는 신성현시를 접하는 제전으로 시작되고 있는 신화인 것이다.

한국 신화가 제전의 「구술상관물」이란 단정은 다른 사례에 의해서도 이루어질 수 있다. 무엇보다도 한국 신화가 그 줄거리의 결구(結句)에 있어 각종 통과제의에 대응하고 있다는 사실이 중요하다. 탄생, 결혼, 입사 내지 취임, 죽음 등의 통과제의의 구술표현, 그것이 한국 신화라는 일면을 지니고 있는 것이다.

세부적인 검토를 그 사례의 하나에 가하여 보자.『이상국집(李相國集)』의 「동명왕편(東明王篇)」에는 "장녀를 유화(柳花)라고 했다. 이 여인이 왕에 의해서 사로잡혔다" 이하 "하백(河伯)이 신성함이 있음을 알고 술잔치를 베풀어 서로 즐거워하였다"까지에서 해모수(解慕漱)와 유화의 혼례에 관한 얘기를 전해 주고 있다.

즉, 하늘에서 내려와 지상을 다스리며 부여를 건국한 해모수는 어느 물가에서 놀고 있는 세 처녀에 혹(惑)한다. 그들은 모두 수신(水神), 곧 하백의 딸들이었고 한결같이 절색이었다. 궤계를 써서 그 가운데 장녀인 유화를 강제로 사로잡는 데 성공한 천신(天神)은 그 여인을 아내로 삼는다. 그러나 장인인 하백은 크게 노하였다. 일정한 절차도 취하지 않고 누군지도 알 수 없는 사나이에 의한 그 결혼을 인정할 수 없다는 것이었다. 신랑은 그의 장인을 달래기를 마음먹고 수궁(水宮)으로 그를 만나러 간다. 장인은 여전히 같은 논리로 해모수를 질타했다. 당황한 신랑은 그가 천신이라 했으나 하백은 못 믿겠다는 것이었다. 그래서 신랑은 그의 신분을 밝히기 위해 변신술(變身術) 경합을 벌이기를 제의한다. 그 도전에 하백도 쾌히 응하였으나 승리는 사위의 것이었다.

이 파란만장의 「로맨스」는 또 하나의 기록, 즉" 그 결혼 풍
습인즉 다음과 같다. 즉 서로 결혼을 말[言語]로서 성립시킨
뒤 여자 집은 큰 집 뒤에 작은 집을 짓고 이것을 사위 집이라
고 한다. 해질녘에 사위가 여자 집에 도착하면 그는 집 밖에서
자기 이름을 대며 꿇어앉아 크게 절한다. 그로써 여자 집에 머
무를 수 있기를 간청한다. 이러기를 여러 번 되풀이한다. 그제
서야 여자의 부모는 이를 받아들여 작은 집에 머무르게 한다"
라는 『위서 동이전(魏書東夷傳)』 「고구려조」의 기록과 대응하
고 있는 것이다. 여기서 후자의 기록은 현실 혼속(婚俗)의 묘사
임을 강조하고 싶다.

특히" 해질녘에 여자 집에 도착하면 그는 집 밖에서…… 이
러기를 여러 번 되풀이한다"의 부분은 하백의 수궁, 즉 여가
(女家)에 도착한 해모수가 변신술 경합을 겪은 끝에 비로소 그
신분이 상제윤(上帝胤)임을 밝히고 그로써 그 혼례가 이루어질
수 있었다는 「동명왕편」의 얘기의 현실적 기반인 것이다. 그것
도 제례적(祭禮的) 기반이다. 이 같은 고구려 혼속과 신화 중의
결혼 「모티프」의 대응성(對應性)은 「온달전승(溫達傳承)」 및 「서
동전승」에도 그 자취를 남기게 된다.

즉, 이 전승은 모두 전설이다. 그것들은 모두 신분이 미천하
여 결혼이 합법화될 수 없었던 온달과 서동이라는 두 미지의
신랑이 이적이나 신묘한 공적을 이룬 뒤 비로소 신부의 집안에
의해 그가 신랑으로서의 유자격자임이 인정되고 아울러 그 결
혼도 시인된다는 줄거리를 지니고 있다.

결혼식이 아닌 왕위의 취임에도 경합시련이 있었음을 한국
신화는 보여주고 있다. 즉 왕위를 내놓으라는 탈해의 도전에
가락의 왕 수로는 변신술로 응한다. 결과가 불리하게 되자 탈
해는 왕위획득을 단념하고 이웃 신라로 망명하게 된다는 줄거

리가 전해지고 있다.

한국 신화가 신성현시(神性顯示)의 신화라고는 하지만 그 신성현시는 역사적인 것으로 믿고 있다. 가령 「동명왕편」은 「한신작삼년(漢神雀三年)」, 혁거세 신화는 「전한지절원년 임자(前漢地節元年壬子)」, 단군전승은 「당고즉위 오십년 경인(唐高卽位五十年庚寅)」 등과 같이 특정 역서(歷書) 연호에 의해 신화적 사건을 시간적으로 제한하고 있는 것이다. 이 사실은 신화의 시간이 이른바 「태초」로서 초역사적인 것과 매우 대조적이다. 따라서 한국 신화는 그 민간전승의 「장르」 구분에 있어 신화전설 복합이라는 성격을 갖게 된다. 이것은 한국 신화 속의 왕권이 신성왕권이라는 사실과 유관한 것이다. 유리태자 책봉식에서 이미 나타난 것처럼 고구려에서는 적어도 제2대 왕까지만 해도 왕은 「신성왕」, 강천(降天)한 신으로서 즉위한 것이다. 적어도 신화전승자에 있어서는 신성현시가 구체성 혹은 신빙성 있는 현실로서 수용된 것을 그것은 의미하고 있다. 이로 보아 한국 신화는 그냥 그대로 허구(虛構)로 그칠 수도 없고 아울러 그냥 그대로 모두 역사적 현실일 수도 없는 것이다.

삼국(三國)은 그 초창기에 신화를 회고하면서 역사를 구축해 간 것이다. 적어도 왕권의 형성에 있어서는 신화원리가 현실적으로 작용하고 있었던 것이다. 그런 점에서 신화원리는 역사의 형성에도 관여한 것이다. 가령 “칠월에 검은 구름이 골령(鶻嶺)에 피어올랐다. 사람들은 아무도 그 산성(山城)을 볼 수 없었다. 오직 수천 명의 사람소리가 나면서 토목공사를 벌이고 있는 소리가 들렸다. 왕은 말하기를 하늘이 나를 위하여 성을 쌓는 것이라 했다. 7일 만에 구름과 안개가 스스로 걷히자 성곽과 궁실이 절로 이루어져 있었다. 왕은 하늘에 절하고 거기 거처하게 되었다”라는 「동명왕편」의 기록에서 우리는 고구려의 궁성이 곧 하늘이 신력으로 지은 것으로 신뢰되었다는 사실을 헤아려 볼 수 있을 것이다. 고구려 건국의 초창기에 생생하게 작용하고 있는 신화원리가 여기 있다고 할 것이다.

한국에 있어서 삼국 초기의 왕권이나 국가창시는 이른바「역사신화 권역(historico-mythical cycle)」에 속해 있다 할 것이다.

한국 신화가 신성현시를 접하는 제전으로 비롯되어 있다는 명제가 정립되는 과정에서 이미 우리들은 한국신화가 북방아 대륙을 회고하고 있음을 보아왔다. 신화는 구원회귀(久遠回歸)이고 태초의 신성형(神聖型)을 되풀이 재현한다는 것은「M. 엘리아드」의 명제다. 한국 신화는 신성제시의 제전 속에서 북방아 대륙에로 회귀하고 있는 것이다. 이것은 한국 신화에 있어서의 주류다. 가령 탈해전승이 이에 대한 반증으로 부각될 수 있다 하여도 그것은 적잖은 난점을 안고 있다. 즉 야장(冶匠)으로 자칭하면서 왕이 되는 계기의 하나를 잡은 탈해의 성격이「야쿠트」족의 야장무(冶匠巫)나 몽고족의 야장왕에 대하여 가지는 유사성은 그 일례일 것이다.

즉, 탈해는 당장에 호공(弧公)이 거주하고 있는 집을 자기의 조상들이 세세대대로 살아온 집안이라고 주장한다. 그가 잠시 외방에 나가 산 사이에 호공이 그 집을 점거했다고 아울러 주장한다. 그는 호공의 집이 자기 집이라는 증거로서 그 집 땅속에 칼붙이를 가는 데 쓰는 숫돌과 쇠붙이를 녹이는 데 쓰는 숯이 같이 묻혀 있음을 지적한다. (기록에 따라서는 단련해 만든 금속기구라고도 되어 있다.) 이 같은 숫돌과 숯으로 자기 집안은 대대로 그곳에서 야장 노릇을 하였노라고 강변한다.

이로써 호공과 탈해 사이에 싸움이 벌어지자 드디어 당국에서 사건에 개입하게 된다. 사전에 숯과 숫돌을 그 집안에 묻어 둔 탈해가 그 집을 차지하게 된 것은 당연한 결과다. 그러자 당대의 왕 남해왕은 탈해가 매우 현명한 사람임을 깨닫고 그를 사위로 얻게 된다. 이로써 그에게는 왕위에 오를 관문이 열리게 된 것이다.

이 줄거리는 탈해가 어떻게 하여 결혼을 하게 되었는가에 대해 말하고 있다. 이때의 결혼이 등극과 유관(有關)하다는 것도 고려(考慮)에 넣어야 한다. 이 줄거리 속에 나타나는 증거가 될 만한 물건을 제시하는 「모티프」와 그 물건이 관건이 되어 결말을 보게 되는 경합 「모티프」 등은 이 줄거리가 결혼과 등극으로 끝맺는다는 사실에서 그 의의를 드러내게 될 것이다. 그러한 통과제의적 결말을 선행하는 시련의 「모티프」로 포착될 수 있을 것이다. 실제로 한국의 성무식(成巫式)에서 단금물(단련된 쇠붙이 연장)과 그 밖의 미실물(迷失物) 찾기는 매우 중요한 구실을 한다. 신탁에 의해 그 은닉된 자리가 암시되는 것이 보통이다. 전기한 유리가 수수께끼를 푼 뒤에 미실물을 찾았던 것은 이 예에 들 것이다.

이상과 같은 탈해의 줄거리 속에서 탈해는 자신이 야장의 후예임을 밝히고 있다. 이 야장의 신분을 밝히는 일이 호공의 집을 빼앗는 일이나 또 그 일이 계기가 되어 이루어지는 공주와의 성혼 및 등극과 전혀 무관할 수는 없다. 그 사건들은 연쇄적으로 발생되고 있는 것이다. 이 점에서 탈해의 왕권과 야장이 무슨 연관을 가진 듯이 추리될 수 있는 것이다.

한국 신화가 북방아 대륙을 회고할 때 그것이 한국 민족의 문화형성의 무대를 회고하고 있음은 재론의 여지가 없다. 「동명왕편」에서 고주몽이 그 모후의 가르침에 따라 양마(養馬)하여 탈주한 끝에 나라를 세울 수 있었다는 「모티프」는, 온달이 평강공주의 지시로 양마술을 익히고 나아가 무사로서 입신하게 되었다는 「모티프」에 대응하고 있다. 이러한 전승의 「모티프」

들은 북방아 넓은 대륙에서 생을 영위하던 이른바 기마족(騎馬族)들에 어울릴 가정주부의 기능과 미성년의 성장과정 및 그 시련에 대해 암시해 주고 있는 것이다.

또 다른 일례를 보자. 『삼국유사』「혁거세조」에서 " 나라를 다스리기 60년에 왕은 하늘로 올라갔다. 7일 후에 그 주검이 땅에 흐트러져서 떨어졌다. 나라 사람들이 합하여서 장사 지내고자 했으나 큰 뱀이 나타나 이를 막았다. 하는 수 없이 오체(五體)를 따로 묻고 오릉(五陵)이라고 했다"라는 괴이하다고 할 만한 기록이 있다.

이 기록은 북방아 대륙에서 베풀어지는 「샤먼」의 장례를 연장시켜 주고 있다. 한 조각 한 조각씩 결실(缺失)되었다가는 드디어 만월이 되어 가는 달의 결영원리(缺盈原理)가 투영된 그 장례에 있어서는 시체가 고의적으로 분단되는 것이다. 달에 있어서의 결(缺)이 그 영(盈)의 전제인 것으로 관념된 것처럼, 시체의 분단이 재생의 전제로서 관념된 것이라고 「엘리아드」는 설명하고 있다.

신성현시를 접하는 제전과 더불어 비롯되는 한국 신화에서 그 신성의 현시가 영아 내지 동자에 있어 구체화된다는 것은 특기할 만하다. 신영아동형(神嬰兒同形)인 것이다. 혁아신(赫兒神) 또는 동자신(童子神)이라고도 할 만하다. 혁거세는 유아이면서 이미 거서간즉왕(居西干卽王)으로 호칭되어 있다. 그는 유아왕이다. 알지 거서간은 무엇보다도 유아왕이란 뜻이다. 이에서 혁거세는 신성 유아왕이다. 『삼국유사』 문면(文面)에 직접 「봉양이성아(奉養二聖兒)」로 표현되어 있는 것이 참고가 될 것이다. 알지로 호칭된 김알지도 이 사례에 준하지 않을까 한다. 혁거세는 탄생 직후 신생아의 상태에서 이미 유아왕으로 호칭되어 있다. 그러다가 그의 나이 열 셋에 왕위에 오른 것으로 되어 있다. 혁거세에게는 유아왕의 상태와 성년왕의 상태 둘이 있었던 셈이 된다. 남아 있는 기록에 충실할진대는 혁거세에게는 이중의 왕의 신분이 있었던 셈이 된다.

가락국의 수로도 예외가 아니다. 그는 동자(童子)인 채 며칠 지나지 않아서 장성한 대인(大人)이 되는 것이다.

이 사실은 무엇을 시사하는 것일까. 이를 위해 잠시 비교인류학적인 데에 눈을 돌려보자.

> 황제가 방에 들어 옷을 벗고 신발도 벗는다. 동자를 거느리고 가랑이 진 나무[岐木] 아래를 세 번 통과한다. 통과할 때마다 늙은 할미인 산의(産醫)가 치사드리면서 황제의 몸을 불식한다. 동자가 기목 곁에 눕는다. 한 늙은이가 화살통을 치며 생남(生男)이라고 소리친다. 태무(太巫)가 황제의 머리를 베로 감싸면 군신들이 일어나 칭하하며 재배한다.

이것은 『요사(遼史)』에 보이는 왕의 「재생의(再生儀)」에 관한 기록이다. 왕의 죽음이 상징적으로 연출되는 것과 함께 왕이 동자로서 재생하게 되는 것이다. 이 가운데 황제의 머리를 베로 싼다는 부분은 중국에서 소렴(小殮) 때 시체의 얼굴을 멱목(幎目)으로 싼 것을 연상시켜 준다. 머리를 베로 감싸게 되는 부분과 황제가 눕는 부분이 상승(相乘)되면 왕의 상징적인 죽음의 시현(示顯)은 더욱 확실시된다. 이 『요사』의 재생의에서 대인으로서의 왕은 일단 죽음을 고하고 영아로서 재탄생하는 것이다. 재생의의 순간마다 왕은 영아인 것이다. 영아로서의 왕이 축복을 받고 있다.

재생의가 끝나고 나면 새로운 생명력을 가진 대인으로서의 왕이 다시 군림하게 될 것은 말할 나위도 없을 것이다. 영아로서의 왕이 대인으로서의 왕으로 전이하는 기간은 재생의에

소요되는 기일 바로 그것인 것이다. 영아왕은 이에 대인왕이 된다.

현전하는 한국 신화의 신생아 탄생「모티프」에서 재생의를 추출하기는 힘들다. 그것을 실증적으로 뒷받침할 자료를 갖고 있지는 못하다. 그러나 탈해전승이나 고주몽전승 등에서 통과제의에 수반되었을 상징적 죽음과 재생의 시현을 추정해 볼 수는 있다. 앞에서 언급된 바와 같이 탈해가 호공과 경합을 벌이게 되기 직전에 그는 산에 올라「돌무덤」속에서 1주일을 머무르게 된다. 이처럼 그가「돌무덤」에 들고나는 과정이 생사의 상징적 시현이었을 만하다고 생각해 보는 것이다.

고주몽은 조천석(朝天石) ― 곧 하늘에 제사지내는 바위 ― 에서 길이 승천한다. 그가 낄이 승천하기 이전에는 빈번히 말을 타고 지중굴과 지하를 경유한 끝에 조천석에 올라 하늘에 제사지낸 것으로 일러지고 있다. 고주몽의 이러한 지중 및 지하 세계의 통과가 각종 민족 주인공들의 지하세계 편력에 대해 갖는 유사성에 유의할 만하다. 민담의 이 같은「모티프」는 일반적으로 통과제의에 수반된 상징적 죽음의 구술적 표현이라고 간주되고 있다.

실제로 한국의 기록 가운데에는 사람의 사타구니 밑을 통과하는 것이 재생의 의의를 지닌 것으로 포착되어 있는 것이다. 현전하는 의무주술(醫巫呪術)에서도 치병의 마무리가 무당의 사타구니 밑을 기어들었다가 다시 나오는 환자의 일련의 동작으로 이루어질 때가 있다. 이 사타구니 밑을 기는 재생의 행위가 가랑이진 나무 밑을 김으로써 시현되는『요사(遼史)』재생의의 그 행위와 유사함은 누구나 짐작할 수 있을 것이다.『요사』재생의에서 재생의 절차가 3과 7의 수와 더불어 수행되는 것에도 주목할 만하다. 한국은 고대에서부터 현재에 이르기까지 탄생의 제의 내지 신생의 통과제의는 3과 7의 기준으로 하여 수행되고 있는 것이다.

이러한 몇 가지 방증을 고려에 넣을 때 혁거세에 있어서의 유아왕과 성인왕의 병존, 수로에 있어서 탄생한 영아가 10여일 만에 장대한 성인이 되었다는 기록 등과 『요사』 재생의 사이에 어떤 행선을 그어 볼 수 있는 듯이 느껴지는 것이다.

이처럼 한국 신화는 그 많은 신화적 「모티프」에 있어서 통과제의를 반영하고 있다. 다시 그 통과제의는 동북아 대륙의 문화에 대한 매우 큰 유사성을 보여 주고 있다.

이러한 통과제의에 입각한 신화적 「모티프」들 가운데에는 일본 신화의 「모티프」에 대해 상당한 정도의 유사성을 보여주고 있는 것도 있다. 뿐만 아니라 동남 태평양 연안의 문화들이 지닌 신화적 「모티프」에 대해 나타내 보이고 있는 유사성도 간과할 수는 없다. 이러한 분야에 걸친 언급이 본고에서 할애된 것을 매우 유감스럽게 생각한다.

2. 고려왕조의 신화·전설

　고려왕조의 개조(開朝)는 그 전대(前代)의 왕조를 강하게 되돌아보고 있다. 특히 국호를 고려로 정한 것, 서경(西京)을 지맥(地脈)의 근본으로 간주한 것, 동명왕사(東明王祠)에 치제(致祭)한 것 등은 고려왕조가 그 전대의 왕조에 대한 회고(回顧)를 국가적 이념의 일부로 삼았음을 의미하는 것이다.

　그러나 고려가 고구려를 회고한 것이 정치적인 차원에서의 당위(當爲)였다고 해서 신라를 전면적으로 절기(絶棄)하고 있는 것은 아니었다. 가령,“ 태조는 신라의 쇠란과 태봉(泰封)의 사폭(奢暴)한 뒤를 이어 만사가 초창기인지라……”〔太祖繼新羅衰亂 泰封奢暴之後 萬事草創日……(『世家』一 卷第二, 景宗 辛巳條)〕라는 이제현(李齊賢)의 발언이 있기는 하나 그것은 어디까지나 정치적인 차원에서 행하여진 발언이었다.

　그 증거로서 의종(毅宗)의 교지(敎旨)를 보면,1)“ 선풍(仙風)을 준상(遵尙)하라. 옛날 신라는 선풍이 크게 행하여져서 이로 말미암아 용천(龍天)이 환열(歡悅)하고 민물(民物)이 안녕하였도다. 그러므로 조종(祖宗) 이래로 그 풍을 숭상한 지 오래인데 근래 양경(兩京)의 팔관회(八關會)가 날로 구격(舊格)이 감하여

---

1)　一遵尙仙風 昔 新羅 仙風大行 由是龍天歡悅 民物安寧 故祖宗以來 崇尙其風久
　　矣 近來 兩京八關之會 日減舊格 遺風漸衰 自今 八關會預擇兩班家産饒足者 定
　　爲仙家 依行古風 致使人天咸悅(『高麗史· 世家』三卷 第十八 毅宗二)

져 유풍(遺風)이 점차로 쇠퇴하여 가노라. 지금으로부터 팔관회는 미리 양반으로 가산이 넉넉한 자를 택하여 선가(仙家)로 정하고 고풍을 좇아 시행하여 인천(人天)으로 하여금 모두 환열토록 하라"라는 일문(一文)이 있거니와 이것은 고려왕조가 종교 내지 민간전승의 차원에서는 신라에 대한 회고를 저버리고 있지 않았음을 의미하고 있다.

이것은 정치적 차원에서는 신라에 대해 부정적이었어야 할 고려이기는 하나 나대(羅代)를 통해 이미 굳어진 신앙을 비롯한 민간전승(民間傳承)은 그대로 계승할 수밖에 없었기 때문이라 여겨진다. 민간전승의 차원에서 굳이 고구려와 신라 사이에 구획을 짓는 일은 어려운 일일 것이다. 더욱이, 혈족내혼제(血族內婚制)와 양계상계제(兩系相繼制) 등 혼제와 가족제도 등에 있어서 신라왕조와의 사이에 근친성을 보여주고 있는 고려왕조로서, 민간전승이나 종교의 차원에서 신라를 회고한 것은 당연한 일이라고 보여진다.

고려왕조가 전대의 왕조를 회고하였을 때 그 왕권의 신성에도 자연히 유념하게 되었으리라 생각된다. 동명왕사(東明王祠)는 「신성왕(神聖王)」으로서의 동명왕에게 바쳐진 신사(神祠)인 것이다. 일연(一然)과 이규보(李奎報), 그리고 이승휴(李承休) 등의 저작에 전대의 왕권이 지녔던 신성함에 대한 인식이 십분 비쳐져 있는 사실도 참고로 삼을 만하다.

고려왕조가 전대 왕조를 회고하면서 그 신성의 왕권에 유념하였을 때 스스로의 왕조에도 그러한 신성을 후광(後光)삼아 비추고 싶었을 것이다. 유교적인 인격개념으로 왕권의 지주를 삼았던 조선왕조에까지 『용비어천가(龍飛御天歌)』의 편찬을 통해 왕권의 성화(聖化)를 기도했던 것이다. 그러나 이미 신화시

대가 아닌 역사시대에 비롯된 왕조의 시조를 두고 삼국시조(三
國始祖)의 전례를 따를 수는 없었을 것이다. 여기에 왕권을 성
화(聖化)함에 있어서 고려왕조가 가지게 된 고민이 있었으리라
짐작된다.

그 고민의 자취가 바로 「세계(世系)」에 비쳐져 있는 것이라
보여진다. 성화하되 역사시대답게 성화한 것이 「세계」라 보여
지기 때문이다. 신화적 성화 아닌 역사시대다운 성화를 통해
왕권을 가능한 한 승화(承華)시킨 기록이 다름아닌 「세계(世
系)」인 것이다.

처음부터 시공(時空)을 초월한 피안적(彼岸的)인 존재, 말하
자면 근원적으로 신성한 존재로서 현신(顯身)한 고구려·신
라·가락(駕洛)의 시조왕들과는 달리 미리부터 시공에 제한되
어 있는 차안적(此岸的) 존재가 그 인간적 비범상(非凡常)에 힘
입어 신성의 역(域)에 들어간 과정을 보여주고 있는 것이 세계
인 것이다. 상기 삼국의 시조의 애기가 처음부터 신으로 내림
(來臨)한 왕자(王者)들의 애기인 데 비해 세계는 인간으로 존재
하다가 특정 과정을 거쳐 성화된 왕가(王家)시조들의 애기인
것이다.

「세계」는 왕가의 신성전설이란 성격을 강하게 지니고 있다.
민간전승의 적지 않은 다양한 「모티프」들이 채용되면서, 5대조
(五代祖)가 성화된 세계에서 그 채용된 민간전승의 성격을 규
명하면서, 그것으로써 고려왕권이 지닌 신성(神聖)을 밝혀 보려
는 것이 저자가 의도하는 바다.

「세계(世系)」의 5대조에 관한 애기는 전기한 3국의 시조왕
(始祖王)들에 관한 애기와는 그 서술양식이 다르다. 「탄생의 신
이(神異) ─ 신이의 행적(行績) ─ 사후의 신이」 등으로 엮어져서

일대기적(一代記的)인 완결성을 지니고 자족적(自足的) 내지 자율적인 신성을 구축하고 있는 것이 3국의 시조 및 시조왕들에 대한 전승이다.

『고려사』「세계」의 5대조에 관한 전승에는 이러한 면들이 결여되어 있다. 왕가의 5대조에 관한 전승이라는 형식은 왕가 역대조 전승이라는 형태로 『용비어천가』에 이어지고 있다고 보여지거니와 『용비어천가』나 「세계」는 단편의 일화집(逸話集)이란 점에서 서로 공통의 속성을 지니고 있다. 그러나 「세계」는 비록 일화집일망정, 그 일화들이 일관된 하나의 서술원리로 이루어져 있다. 즉, 역대조들의 탄생 동기담(動機談)과 그 전제인 결혼담(結婚談)으로서의 완결성을 지니고 있어 그만한 한도 안에서의 서술적 자족성을 갖추고 있다. 역대조에 관한 사전이 서술되되, 누구가 누구와 맺어져 누구를 낳고 그 누구가 다시 누구와 맺어져 누구를 낳았는가 하는 것만이 서술되고 있는 것이다. 사건이라기보다는 상황이 서술되어 있다고 하는 것이 보다 더 적절할 것이다. 이러한 역대조 서술원리는 후대 족보기술(族譜記述)의 원리와도 맥을 통하고 있음에 유념할 만하다.

한편,「세계(世系)」가 지닌 이러한 서술원리 속에서 왕권의 신성화는 주로 결혼담 부분에서 이루어지고 있다.

즉, ㉮ 호경(虎景)과 여산신(女山神)의 기록을 보면,2)

김관의(金寬毅)의 『편년통록(編年通錄)』에 이르기를 호경이라고 하

---

2) 金寬毅編年通錄云 有名虎景者 自號聖骨將軍 自白頭山遊歷 至扶蘇山左谷 娶妻
家焉 富而無子 善射以獵爲事 一日與同里九人 捕鷹平那山 會 日暮 就宿巖竇 有
虎當竇口大吼 十人相謂曰 虎欲啗我輩 試投冠 攬者當之 逐皆投之 虎攬虎景冠
虎景出 欲與虎鬪 虎忽不見 而竇崩九人皆不得出 虎景還告平那郡 來葬九人 先祀
山神 其神見曰 予以寡婦 主此山 幸遇聖骨將軍欲與爲夫婦 共理神政 請封爲此山
大王 言訖 與虎景俱隱不見 郡人 因封虎景 爲大王 立祠祭之 以九人同亡 改山名
曰九龍 虎景不忘舊妻 夜常如夢來合 生子曰康忠 『高麗史·高麗世系』

는 사람이 있어서 스스로 성골장군(聖骨將軍)이라고 하고 백두산으로부터 유력(遊歷)하여 부소산(扶蘇山) 왼편 골짜기에 이르러 장가를 들어 살림하고 있었는데, 집은 부(富)하였으나 자식이 없었다. 활쏘기를 잘하여 사냥질을 일삼아 오더니 하루는 같은 마을에 사는 사람 아홉 명과 함께 평나산(平那山)에서 매 사냥을 하다가 마침내 날이 저물자 바위틈 굴에서 밤을 새우고자 하였다.

마침 호랑이가 나와 바위굴 어귀에서 크게 울부짖게 되자, 열 사람은 서로 의논하여 "호랑이가 우리를 잡아 먹으려 하니 시험삼아 관(冠)을 던져서 잡힌 자가 당하기로 하자"고 하였다. 드디어 모두 관을 던졌는데 호랑이는 호경의 관을 집는 것이었다. 호경이 나와서 호랑이와 싸우고자 하였으나 호랑이는 문득 보이지 않고 바위굴이 무너져서 아홉 사람이 모두 나올 수 없게 되었다.

호경이 돌아와 평나군(平那郡)에 알리고 와서 아홉 사람을 장사 지내되, 먼저 산신에게 제사 지내니 산신이 나타나서 말하기를 "나는 과부로서 이 산을 맡아보고 있는데 다행히 성골장군을 만나 같이 부부가 되어 함께 신정(神政)을 다스리고자 하니 청컨대 이 산의 대왕이 되어 주소서" 하고 말을 마치자 호경과 함께 숨어 버리고 보이지 않았다. 군인(郡人)들이 호경을 봉하여 대왕이라 하고 사당(祠堂)을 세워 그를 제사지냈다. 9인이 함께 죽었으므로 산 이름을 고쳐 구룡산(九龍山)이라 하였다.

호경이 구처(舊妻)를 잊지 못하여 밤마다 항상 꿈같이 와서 교합하여 아들을 낳으니 강충(康忠)이라 이름하였다.

라 하였고, 또 ㉯ 이제건(伊帝建)의 딸인 덕주(德周)와 보육(寶育)과의 사이에 태어난 둘째딸 진의(辰義)와 대당귀성(大唐貴姓) 사이에는 다음과 같은 기록이 있다.3)

---

3) 後生二女 季曰辰義 美而多才智 年甫笄 其姊 夢登五冠山頂而旋 流溢天下 覺與
辰義說 辰義曰 請以綾裙買之 姊許之 辰義令更說夢 攬而懷之者三 旣而身動若有
得 心頗自負 唐肅宗皇帝潛邸時 欲遍遊山川 以明皇天寶 十二載癸巳春 涉海到浿
江西浦 方潮退 江渚泥淖 從官取舟中錢 布之 乃登岸 後名其浦 爲錢浦 逐至松嶽
郡 登鵠嶺 南望曰 此地必成都邑 從者曰 此八眞仙住處也 抵摩訶岬養子洞 寄宿
寶育第 見兩女悅之 請縫衣綻 寶育認是中華貴人 心謂果符術士言 卽令長女應命
纔踰閾 鼻衄而出 代以辰義 逐薦枕 留期月 覺有娠 臨別 云我是大唐貴姓與弓矢

끝 딸을 진의라 하였는데 아름답고 재지(才智)가 많았다. 나이 겨우 15세 때에 그의 언니가 오관산(五冠山) 꼭대기에 올라가 소변을 보니 소변이 흘러나와 천하에 넘치는 꿈을 꾸었다. 깨어나서 진의에게 이야기하였더니 진의는 "비단치마로써 그 꿈을 사고 싶다"고 하였다. 언니도 이를 허락하였다. 진의는 언니에게 다시 꿈 이야기를 하라 하고 이것을 잡는 시늉을 하며 품에 안기를 세 번 하니까 이윽고 몸이 무엇을 얻은 것처럼 움쭉거리고 마음이 자못 든든하였다.

당(唐) 숙종(肅宗) 황제가 황자(皇子)로 있을 때 산천을 편유(遍遊)하고자 하여 명황 천보(明皇天寶) 12년 계사(癸巳) 봄에 바다를 건너 패강(浿江)의 서포(西浦)에 이르렀더니 조수(潮水)가 물러가자 강기슭 투성이가 되었다. 종관(從官)이 배 안에서 돈을 꺼내어 깔고 언덕에 올라갔다. 뒤에 그 포구를 이름하여 전포(錢浦)라고 하였다. 황제는]드디어 송악군(松嶽郡)에 이르러 곡령(鵠嶺)에 올라가 남쪽을 바라보고 "이 땅은 반드시 도읍이 되리라"고 예언하였더니 종자(從子)는 "이곳은 8진선(八眞仙)이 사는 곳입니다"라고 하였다.

마하갑(摩訶岬) 양자동(養子洞)에 이르러 보육의 집에 기숙(寄宿)하게 되자 두 딸을 보고 기뻐하며 옷터진 곳을 꿰매 주기를 청하였다. 보육은 중화(中華)의 귀인임을 알아차리고 마음속에 '과연 술사(術士)의 말과 부합된다'고 생각하고 곧 장녀로 하여금 명에 응하게 하였더니 문턱을 넘다가 코에 피가 흘러 물러나고 말았다. 진의를 대신으로 드디어 천침(薦枕)하게 되었다. 월일을 머무르다가 임신하였음을 깨닫고 작별할 때 스스로 대당(大唐)의 귀성(貴姓)임을 밝히고, 궁시(弓矢)를 주며 "아들을 낳거든 이것을 전하라"고 부탁하였다. 과연 아들을 낳으니 작제건(作帝建)이라 하였다. 뒤에 보육을 추존(追尊)하여 국조(國祖) 원덕대왕(元德大王)이라 하고 그의 딸 진의를 정화왕후(貞和王后)라고 하였다.

그리고 ㉰ 작제건(作帝建)과 용녀(龍女) 사이에서도4)

曰 生男則與之 果生男 曰作帝建 後追尊寶育 爲國祖元德大王 其女辰義 爲貞和王后『高麗史· 高麗世系』

4) 作帝建 幼而聰睿容 神勇 年五六 問母曰 我父誰 曰唐父 盖未知其名故耳 及長 才兼六藝書射尤絶妙 年十六 母與以父所遺弓矢 作帝建 大悅 射之百發百中 世謂神弓 於是欲觀父 寄商船行至海中 雲霧晦暝 舟不行三日 舟中人卜曰 宜去高麗人

작제건은 어려서부터 총명하고, 지혜롭고 용맹이 있었다. 나이 5, 6세에 어머니에게 " 나의 아버지는 누구십니까"라고 물었으나, 어머니는 " 당나라 사람이시다"라고만 말하였는데 그것은 그 이름을 알지 못하는 까닭에서였다. 성장함에 이르러 재주는 육예(六藝)를 겸하였으며 서사(書射)에 더욱 절묘하였다. 나이 16세가 되자 어머니는 아버지가 남겨준 궁시를 전해 주었다. 작제건이 크게 기뻐하여 이를 쏘니 백발백중이기 때문에 세상 사람들이 신궁(神弓)이라 일렀다.

이에 아버지를 찾아 뵙고자 상선(商船)을 타고 항행하다가 해중(海中)에 이르니 구름과 안개가 끼어 어둠컴컴하여져서 배가 3일 동안을 나아가지 못하였다. 선중(船中)의 사람이 점을 쳐보고 " 마땅히 고려사람을 제거하여야 한다"라고 하기에 작제건이 궁시(弓矢)를 잡고 스스로 바다에 몸을 던졌으나 밑에 바위돌이 있어 그 위에 설 수 있었다. 이내 안개가 개고 순풍이 불어 배는 나는듯이 가버렸다.

이윽고 한 늙은이가 나타나 절하며 " 나는 서해 용왕인데, 매일 신시에 여우가 늙은 치성광여래상(熾盛光如來像)이 되어 하늘에서 일월성신(日月星辰)을 구름과 안개 사이에 벌려놓고 소라고동 나팔을 불고 북을 치고 풍악을 잡히며 내려와서 이 바위에 앉아 옹종경(臃腫

作帝建 執弓矢 自投海 下有巖石 立其上 霧開風利 船去如飛 俄有一老翁拜曰, 我是西海龍王 每日晡 有老狐 作熾盛光如來像 從空而下 羅列日月星辰於雲霧間 吹螺擊鼓奏樂而來坐此巖 讀臃腫經 則我頭痛甚 聞朗君善射願除吾害 作帝建 許諾 及期 聞空中樂聲果有從西北來者 作帝建 疑是眞佛 不敢射 翁復來曰 正是老狐 願勿復疑 作帝建 撫弓撚箭候而射之 應弦 而墜 果老狐也 翁大喜 迎入宮 謝曰 賴郎君 吾患已除 慾報大德 將西入唐 觀天子父乎 富有七寶 東還奉母乎 曰吾所欲者 王東土也 翁曰 王東土 待君之子孫三建 必矣 其他惟命 作帝建 聞其言 知時命未至 猶豫未及答 坐後 有一老嫗 戲曰 何不娶其女而去 作帝建 乃悟 請之 翁以長女翥旻義 妻之 作帝建 賷七寶將還 龍女曰 父有楊杖與豚 勝七寶 盍請之 作帝建 請還七寶 願得楊杖與豚 翁曰 此二物 吾之神通 然 君有請 敢不從 乃加與豚 於是乘漆船 載七寶與豚 泛海倏到岸 卽昌凌窟前江岸也 白州正朝劉相晞等 聞曰 作帝建 娶西海龍女來 實大慶也 率開 貞 塩 白四州 江華 喬桐 河陰三縣人 爲築永安城 營宮室 龍女初來 卽往開州東北山麓 以銀盂 掘地 取水用之 今開大井是也 居一年 豚不入牢 乃語豚曰 若此地不可居 吾將隨汝所之 詰朝 豚至松嶽南麓而卧 遂營新第 卽康忠舊居也 往來永安城 而居者三十餘年 龍女嘗於松嶽新第寢室窓外 鑿井 從井中 往還西海龍宮 卽廣明寺東上房北井也 常與作帝建約曰 吾返龍宮時 愼勿見 否則不復來 一日 作帝建 密伺之 龍女與少女 入井 俱化爲黃龍 興五色雲 異之 不敢言 龍女還怒曰 夫婦之道 守信爲貴 今旣背約 我不能居此 遂與少女復化龍入井 不復還 作帝建 晚居俗離山長岬寺 常讀釋典而卒 後追遵爲懿祖景康大王 龍女爲元昌王后 『高麗史· 高麗世系』

經)을 읽으면 나의 머리가 심히 아파집니다. 듣자하니 낭군(郞君)은 활을 잘 쏜다니 원컨대 나의 재해를 물리쳐 주오”라고 간청하였다. 작제건이 이를 허락하였다. 과연 때가 되니까, 공중에서 풍악소리가 들리더니 서쪽으로부터 오는 자가 있었다. 작제건이 진불(眞佛)이 아닌가 의심하여 감히 쏘지 못하고 있는데 늙은이가 다시 와서“ 이것이 바로 늙은 여우이니 다시는 의심하지 마시오”라고 귀뜸하였다. 작제건이 활을 들고 화살을 먹여서 겨누어 쏘니 활 시윗소리와 같이 떨어지는 것은 과연 늙은 여우였다.

늙은이가 크게 기뻐하여 궁으로 맞아들여서 감사하며“ 낭군의 힘에 의하여 나의 재환(災患)은 이미 덜어졌으니 그 큰 은덕에 보답하고자 합니다. 장차 서쪽 대당(大唐)에 들어가서 천자이신 아버지를 뵈오려고 하십니까. 부(富)에는 칠보(七寶)가 있으니 동으로 돌아가 부친을 봉양하려 하십니까”라고 묻는 것이었다. 작제건은 그가 바라는 바는 동토(東土)에서 왕이 되는 것이라고 대답하였다. 그 말을 듣고 늙은이는“ 동토에서 왕이 되려면 반드시 그대의 자손 삼건(三建)을 기다려야 할 것입니다. 그 밖의 것이라면 오직 명하시는 대로 하겠습니다”라고 하였다. 작제건이 그 말을 듣고 때와 명이 아직 이르지 않았음을 알고 우물쭈물하며 미처 대답을 못하고 있는데 자리 뒤에서 한 노파가 희롱삼아“ 어찌하여 그의 딸에게 장가들지 않고 가려 하는가”라고 넌지시 장가들기를 권하였다. 작제건이 알아차리고 장가들기를 청하니 늙은이가 맏딸 저민의(翥旻義)로 아내를 삼게 하였다.

작제건이 칠보(七寶)를 가지고 돌아가려 하니 용녀(龍女)는“ 아버지에게 양장(楊杖)과 돼지가 있는데 칠보보다 훌륭한 것이니 그것을 얻어가도록 하자”고 하였다. 작제건이 칠보를 돌려주고 양장과 돼지를 얻어가기를 바라니 늙은이는“ 이 두 가지 물건은 나의 신통(神通)한 것이다. 그러나 그대가 청하는데 감히 따르지 않을 수 있겠는가” 하여 돼지를 내주는 것이었다. 이에 칠선(漆船)을 타고 칠보와 돼지를 싣고 바다를 건너 순식간에 인덕에 이르니 곧 창릉굴(昌陵窟) 앞 강변이었다. 백주(白州)의 정조(正朝) 유상희(劉相晞) 등이 그 사실을 알고 말하기를“ 작제건이 서해의 용녀에게 장가들고 돌아왔으니 참으로 큰 경사라 하겠다”고 하며 개(開 – 開城), 정(貞 – 豊德), 염(鹽

－ 延安), 백(白 － 白川)의 4주와 강화(江華), 교동(喬桐), 하음(河陰) 3
현(三縣)의 사람을 거느리고 그를 위하여 영안성(永安城)을 쌓고 궁
실(宮室)을 지었다.

용녀가 처음에 오자마자 개주(開州) 동북산 기슭에 가서 은주발로
땅을 파고 물을 길어 썼는데 지금의 개성의 큰 샘[大井]이 이것이
다. 일년을 살았는데도 돼지가 우리에 들어가려 하지 않으므로 돼지
에게 "만약 이 땅이 살 만한 곳이 못된다면 나는 장차 네가 가는 곳
을 따라가겠노라"고 하였다. 돼지가 이튿날 아침에 송악(松嶽) 남쪽
기슭에 이르러 드러눕기에 드디어 새로운 제택(第宅)을 지으니 곧 강
충(康忠)의 옛 거소였다.

영안성을 왕래하면서 산 지 30여 년이 되었는데 용녀가 일찍이 송
악의 새 집 침실 창밖에다 우물을 파고 우물 속으로 해서 서해 용궁
에 되돌아가곤 하였던 것이니, 곧 광명사(廣明寺) 동상방(東上房)의
북쪽 우물이다. 평소에 작제건에게 당부하기를 "내가 용궁에 돌아갈
때는 삼가 엿보지 마시옵소서. 그렇지 않으면 다시는 돌아오지 않겠
나이다"라고 하였던 것인데 작제건은 몰래 이를 엿보고 말았다. 용녀
가 소녀와 함께 우물에 들어가 같이 화하여 황룡(黃龍)이 되어 오색
의 구름을 일으키는 현장을 보고 기이하게 여겨 감히 입을 열지도
못하였는데 용녀가 돌아와 노하여 "부부의 도는 신의를 지키는 것이
귀한 것이어늘 이제 이미 약속을 어겼으니 나는 이곳에 살 수 없나
이다" 하고 드디어 소녀와 함께 다시 용이 되어 우물에 들어가버린
다음 영영 돌아오지 않았다. 작제건은 만년(晚年)에는 속리산(俗離山)
장갑사(長岬寺)에 살며 항상 석전(釋典)을 읽다가 죽었다. 후에 추존
하여 의조(懿祖) 경강대왕(景康大王)이라 하고 용녀를 원창왕후(元昌
王后)라 하였다.

와 같은 기록이 보이고 있다. 그리고 ㉣ 용건(龍建)과 몽부인
(夢夫人) 사이의 기록은 다음과 같다.5)

---

5) 元昌生四男　長曰龍建　後改隆　字文明　是爲世祖　貌魁偉美鬚髥　器度宏大　有幷呑
　三韓之志　嘗夢見一美人　約爲室家　後自松嶽　往永安城　道遇一女　惟肖　逐與爲婚
　不知所從來　故世號夢夫人　或　云以其爲三韓之母　遂姓韓氏　是爲威肅王后『高麗
　史‧高麗世系』

　　원창(元昌)이 4남을 낳았는데 장남을 용건(龍建)이라 하였다가 후
에 융(隆)이라 고쳤다. 자(字)는 문명(文明)이라 하였으니 이가 세조
(世祖)이다. 용모가 괴위하고 수염이 아름다우며 기국(器局)과 도량
(度量)이 넓어 커서 삼한(三韓)을 병탄하려는 뜻을 가지고 있었다.
일찍 꿈에 한 미인을 보고 배필 되기를 약속하였는데 뒤에 송악(松
嶽)에서 영안성(永安城)으로 가다가 길에서 꿈속의 여인과 꼭 같은
모습의 한 여인을 만나서 드디어 혼인을 하였다. 그러나 그 여인이
온 곳을 알지 못하여 세상에서는 그 이름을 몽부인(夢夫人)이라 하
였다. 혹은“ 그 여인이 삼한의 모(母)가 되었으므로 드디어 성을 한
씨(韓氏)라 하였다”라고도 일러지고 있으니 이 여인이 바로 위숙(威
肅)이다.

　　이 네 편의 결혼담 가운데 ㉮·㉱－「호경(虎景)과 여산
신」·「작제건(作帝建)과 용녀」는 ㉯·㉲－「진의(辰義)와 대당
귀성(貴姓)」·「용건(龍建)과 몽부인」과 대조적이다.「호경과 여
산신」과「작제건과 용녀」는 신앙원리를 깔고 있는 얘기인 데
비해「진의와 대당 귀성」과「용건과 몽부인」은 그렇지 못하다.
신부가 신앙의 대상이 될 수 있는 처지에 있고 신랑은 그와 맺
어짐으로써 성화되거나 기왕에 지닌 잠재적 신성을 강화하거나
한다. 여자가 지닌 초월적인 원리에 접함으로써 남자도 그 원
리에 감염된 존재로 화(化)하는 것이다.
　　「진의와 대당 귀성」과「용건과 몽부인」도 각기 왕족 혈통의
비범상화(非凡常化)에 이바지하고 있기는 하나 앞의 양자와는
매우 대조적이라는 점에서「호경과 여산신」과「작제건과 용
녀」는 성화전승(聖化傳承)의 중핵(中核)이 되는 셈이다.
　　이와 같이 고려왕조를 성화하는 데 있어 중핵을 이루는 전승
이「여산신」,「용녀」,「몽부인」등과 같은 여계(女系)의 신성에
기대고 있다는 것은 매우 특기할 만한 사실이다. 그러나 그것

이 무엇을 의미하는지 단정짓기는 물론 힘든 일이다. 그것이 고려왕조의 친족이나 가족 구조상의 어떤 속성을 암시하는 것인지 아니면 워낙 그리 특출하지는 못했던 왕가혈통을 우월한 여계혈통(女系血統)에 힘입어 승화시켜 보고자 한 것인지 판별할 길이 현재로는 없다. 이 밖에 나중에 언급되듯이, 만일 고려왕조의 시조전승에 「샤머니즘」 원리가 실재하는 것이라면 여계·모계 위주로 구성되는 무당의 가족구조와 무슨 연관이 있으리라고 추정해 볼 수도 있겠다.

「호경과 여산신」은 세속적 남성이 여산신과 맺어짐으로써 스스로도 신격화되는 「모티프」(F· 460· 4· 1)를 지니고 있어서, 무조전승(巫祖傳承)인 법우화상(法祐和尙)의 애기와 같은 유형을 지니고 있다. 법우화상의 경우와 마찬가지로 한 인간존재가 입무(入巫)하는 과정과 무신(巫神)으로서 신격화되는 과정을 반영하면서 줄거리가 엮어져 나가고 있다.6) 입무과정(入巫過程)과 무신격화(巫神格化)하는 과정은 모두 여산신과의 결연으로 이루어지고 있다. 이른바 신성혼(神聖婚)이다. 호경이 여산신과 맺어지고 나서 사람들에 의해 대왕으로 불려졌다는 기록이 그 좋은 예이다. 즉, 대왕이라는 명칭은 왕조가 형성되고 난 뒤 격

---

6) 무녀(巫女)들이 신에게 굿을 드릴 때, 한 손에는 쇠방울을 흔들고 한 손에는 부채를 쥐고서는 주문을 외우며 춤도 춘다. 부처의 이름을 부르기도 하나 법우화상(法祐和尙)의 이름을 부르기도 한다. 이에는 다음과 같은 곡절이 있다.
세상에서 전하는 말로는 지리산 고암천사(古巖川寺)에 법우화상이란 이름의 중이 있었는데 그에게는 도행(道行)이 아주 많았다.
하루는 한가로이 지나는데, 문득 산개울이 비도 오지 않는데 넘쳐흐르는 것이었다. 그 흐름의 으뜸을 찾아 올라 갔더니 천왕봉 꼭대기에 이르러 키가 크고 힘이 센 한 여인을 만났다. 그 여인은 스스로 성모(聖母) 천왕이라 하면서 인간 세상에 내려와 그대와 인연을 지녔기에 수술(水術)을 부림으로써 스스로 짝을 구하였노라고 말하는 것이었다.
이로써 둘은 부부가 되어 집을 지어 함께 살게 되었고 여덟명의 딸을 낳았으니 그 자손들이 번창하였다. 그들에게 모두 무(巫)술을 가르치니 쇠방울을 흔들고 채색한 부채춤을 추며 아미타불을 부르고 법우화상의 이름을 부르기도 했다(이능화, 『조선무속고』 법우화상조에서).

상(格上)하여 붙여진 시호(諡號)가 아니라, 왕조가 형성되기 이전에 이미 대왕이라 불려진 데에 문제가 있다. 그것은 무신에 붙여진 칭호로 보아야만 해결이 가능해진다.

「세계」에도 직접“ 나는 과부로서 이 산을 맡아 보고 있는데 다행히 성골장군을 만나 같이 부부가 되어 함께 신정을 다스리고자 하니 청컨대 **이 산의 대왕이 되어 주소서**”라고 표현되어 있다. 즉,「호경」이 바로「산신대왕(山神大王)」으로 호칭되고 있는 것이다. 뿐만 아니라 군인들은 호경을 봉하여 대왕으로 삼고 신사를 세워 제사드린 것으로 되어 있다〔**郡人, 因封, 虎景, 爲大王, 立祠祭之**〕. 그리하여 호경은 산신의 사자인 호랑이(A· 165· 2)에 의해 선택되어 마침내는 산신으로 화한다. 이것은 신의에 의해 선택되어 접신(接神)의 경지에 들게 되는 무속원리(巫俗原理)와 상통하는 동시에 그 예를 잘 반영하고 있는 것이다.

여기서 고려왕계가 무조전승(巫祖傳承)과 같은 유형으로서 엮어져 있는 사실과 아울러 무신(巫神)이 아니고는 못 지닐 칭호를 지니고 있었다는 사실에 유념하게 되는 것이기도 하다.

이러한 「호경과 여산신」의 산신숭앙은 「작제건과 용녀」의 수신(水神 — 龍神) 숭앙과 더불어 「세계(世系)」에 비쳐진 2대 종교원리를 이루고 있다.

「작제건과 용녀」는 그 줄거리에 있어 『삼국유사』에 실린 저 유명한 「거타지전승(居陁知傳承)」과 같은 유형을 지니고 있음은 기왕에 익히 지적되어 왔었다.7) 이것은 인간과 수신의 결합

---

7) 거타지 전승은 『삼국유사』 권2 진성여대왕 거타지편에 실린 얘기다.
　　진성여왕의 막내아들인 아찬(阿飡) 양패(良貝)가 당나라 사신으로 갈 때 그 배에 같이 탔던 궁수(弓手) 중의 한 사람이 거타지다.
　　바다 가운데의 한 섬에서 폭풍을 만나 점을 쳐 얻은 지시대로 신지(神池)에 제사를 드렸더니 그곳의 신이 해몽하기를 활 잘 쏘는 군사 하나를 남겨 두고

이라는 「모티프」(F· 420· 6· 1)를 지니고 있어 전기(前記)한 (B· 81· 2) 「모티프」와는 대조적이다. 뿐만 아니라 「작제건과 용녀」는 희생(犧牲)에 의해 움직여지는 배의 「모티프」(D· 213 6· 8), 우물을 통해 하계(下界)에 이르는 「모티프」(F· 92), 여신의 성정(聖井) 「모티프」(C· 51· 1· 11), 여신의 성정이 어지럽혀짐으로써 여신이 더 이상 나타나지 않는 「모티프」〔同上〕, 남편이 금기(禁忌)를 어겼을 때 선녀가 그 곁을 영원히 떠나게 되는 「모티프」(F· 302· 6) 등의 여러 「모티프」를 지니고 있어 희랍, 인도, 「타히티」, 애란(愛蘭) 등 전 세계 여러 지역의 「모티프」들과의 사이에서 친연성(親緣性)을 보여주고 있다.

3국의 왕조들의 전승과는 달리 고려왕조의 역대조 전승이 지닌 이 같은 「모티프」의 확산(擴散)이 무엇을 의미할 것인가는 차후에 검토할 문제로 남겨 두고 싶다. 다만 여기서는 3국의 왕조들의 전승이 북방 「유라시아」(Eurasia)에 분포된 「모티프」들과 주로 맺어져 있어 고려왕조의 전승과 성격을 달리하고 있음을 지적하는 데 그치고자 한다.

다양한 「모티프」를 지닌 「작제건과 용녀」는 고려가 지녔던 수신(水神— 龍神) 숭앙의 전승과 직결되어 있다. 작제건의 아내가 된 해신(海神)의 딸 용녀는 그 자신의 이름을 지닌 우물을 남겼고 그것은 뒤에 개성대정(開城大井)이라는 이름으로 고려왕정(高麗王廷)에서 친제(親祭)한 성역으로 화한 것이다.

떠나라는 것이었다.
나ant 조각에 군사들 이름을 써서 물에 띄우자, 거타지의 것이 가라앉았으므로 거타지가 남게 되었다.
배가 순풍을 얻어 떠난 뒤 섬에 혼자 남은 거타지에게 서해의 신이 나타나 늙은 여우가 화하여서 된 중이 그를 괴롭히니 거타지의 궁술로 잡아 주기를 간청하였다.
늙은 여우를 쏘아 맞힌 거타지는 그 공으로 해신의 딸을 아내로 얻어 당나라를 거쳐 무사히 고국으로 돌아올 수 있었다.

　이러한 사실은 『세가(世家)』 1권(卷) 제1, 태조(太祖) 1에 보이는 다음과 같은 기록에서 엿볼 수 있다.8) 즉,

　정명(貞明) 4년 3월에 당나라 상객(商客) 왕창근(王昌瑾)이 문득 시중에서 어떤 사람을 만났다. 그 사람은 용모가 남다르고 수염과 머리가 흰데, 머리에는 낡은 관을 쓰고 거사(居士)의 옷차림을 하고 왼손에는 바리[鉢] 세 개를 가졌으며 오른손에는 사방 한 자나 되는 고경(古鏡) 하나를 들고 있었다. 그 사람이 창근에게 "내 거울을 사겠느냐"고 하므로 창근이 쌀 두 말을 주고 거울을 샀다. 거울 주인은 그 쌀을 가지고 길가에 걸식하는 아이들에게 나누어주고 사라져감이 회오리처럼 빨랐다.

　창근은 그 거울을 시장 담벼락에 걸어 놓았는데, 햇빛에 비쳐서 은은히 읽을 수 있는 가는 글자가 드러났다. 그 글에 이르기를 "삼수중(三水中) 사유(四維) [羅의 破字로 新羅를 가리키는 것일 수 있음] 하(下)에 상제(上帝)가 아들을 진(한), 마(한)에 하강(下降)시켜서 먼저 계(鷄) [신라]를 잡고, 뒤에 압(鴨) [鴨綠江]을 칠 것이니 이것은 운(運)이 차[滿] 3갑(三甲) [三韓]을 하나로 함을 이른 것이다. 가만히 하늘에 올라가 밝게 땅을 다스릴 것이니 자년(子年)을 만나 큰 일을 일으킬 것이다. 종적을 흐리고 이름을 드러내지 아니하니 혼돈하여 누가 신(愼)과 성(聖)을 알 수 있겠는가. 법뢰(法雷)를 떨치고 신전(神

---

8) 唐商客王昌瑾　忽於市中　見一人　狀貌瑰偉　鬚髮皓白　頭載古冠　被居士服　左手持三隻桄　右手擎一面古鏡　方一尺許　謂昌瑾曰　能買我鏡乎　昌瑾二斗米買之　鏡主將米沿路　散與乞兒而去　疾如旋風　昌瑾懸其鏡於市壁　日光斜映隱隱有細字可讀　其文曰　三水中四維下　上帝降子於辰馬先操雞後搏鴨　此謂運滿　一三甲　暗登天明理地　遇子年中興大事　混沌誰知愼與聖　振法雷揮神電於巳年中二龍見　一則藏身靑木中　一則現形黑金東　智者見　愚者盲　興雲注雨與人征　或見盛或視衰　盛衰爲滅惡塵滓　此一龍子三四　遞代相承六甲子　此四維定滅丑　越海來降須待酉　此文若見於明王　國泰人安帝永昌　吾之記　凡一百四十七字　昌瑾初不知有文　及見之　謂非常　獻于裔裔令昌瑾　物色求其人　彌月　竟不能得　唯東州勃颯寺　熾盛光如來像前　有塡星古像　如其狀　左右亦持桄鏡　昌瑾喜　其以狀白　裔歎異之　令文人宋含弘　白卓　許原等　解之　含弘等曰　三水中四維下　上帝降子於辰馬者　辰韓　馬韓也　巳年中二龍見一則藏身靑木中　一則現形黑金東者　靑木松也　謂松嶽郡人　以龍爲名者之子孫　可以爲君主也　王侍中　有王侯之相　豈謂是歟　黑金　鐵也　今所都鐵圓之謂也　今主　初盛於此　殆終滅於此乎　先操雞後搏鴨者　王侍中　御國之後　先得雞林　後收鴨綠之意也　三人相謂曰王猜忌嗜殺若告以實　王侍中　必遇害　吾輩　亦且不免矣乃謬辭告之

電)을 휘두를 것이다.

사년(巳年) 중에 두 용이 나타나 한 용은 몸을 푸른 나무 속에 감추고 한 용은 흑금(黑金) 동(東)에 나타낼 것이다. 지혜 있는 자는 볼 것이고 어리석은 자는 보지 못할 것이다. 구름을 일으키고 비를 내리게 하며 사람으로 더불어 갈[征] 것이니 혹은 성(盛)함을 보이고, 혹은 쇠(衰)함을 보여서 성쇠는 악한 진재(塵滓)를 멸하는 것이다. 이 한 용의 아들은 3, 4인데 대(代)를 교체하여 육갑자(六甲子)를 서로 이을 것이다. 이 사유(四維)는 정녕코 축년(丑年)에 멸할 것이며 바다를 건너 와서 항복(降服)함은 모름지기 유년(酉年)을 기다려야 할 것이다. 이 글이 만약 명왕(明王)에게 발견되면 국태인안(國泰人安)하고 왕업이 영창(永昌)할 것이다. 나의 적은[記] 것은 무릇 147자이다”라고 하였다.

창근이 처음에는 글자가 있는 줄을 알지 못하였다가 이를 보고는 예사로운 것이 아니라 생각하여 궁예(弓裔)에게 바쳤다. 궁예가 창근으로 하여금 그 사람을 물색하여 찾아 보도록 하였는데 그 달이 지나도록 끝내 찾지 못하고 오직 동주(東州) 발삽사(勃颯寺)의 치성여래상(熾盛如來像) 앞에 있는 전성고상(塡星古像)이 그 사람의 모양과 같으며 좌우 손에도 역시 바리와 거울을 가지고 있었으므로 창근이 기뻐하여 자세히 그 모양을 아뢰었더니 궁예가 크게 놀라면서 문인(文人) 송함홍(宋含弘), 백탁(白卓) 허원(許原) 등으로 하여금 이를 해독하게 하였다.

함홍 등이 말하기를“ 삼수중 유사(四維) 하에 상제가 아들을 진마(辰馬)에 나리셨다고 함은 진한(辰韓)과 마한(馬韓)이오. 사년(巳年) 중에 두 용이 나타나 한 용은 푸른 나무 속에 몸을 감추고 한 용은 흑금(黑金) 동(東)에 몸을 나타낸다 함은 청목은 송(松)이라, 이는 송악군인(松嶽郡人)으로 용(龍)자 이름을 가진 이름의 자손이 임금이 될 것이라는 것이니 왕시중(王侍中)은 왕후(王侯)의 상을 지닌지라 아마도 이분을 두고 말함인가 보다. 흑금(黑金)은 철(鐵)인 바 지금 도읍한 철원(鐵圓－鐵原)의 이름이니 지금의 임금이 처음에는 이곳에서 성하였다가 아마 다음에는 이곳에서 멸할 것인가 보다.

먼저 계(鷄)를 잡고 뒤에 압(鴨)을 친다 함은 왕시중이 나라를 얻은 뒤에 먼저 계림(鷄林－新羅)을 얻고 뒤에 압록강을 수복한다는

뜻이라" 하며 세 사람이 서로 말하기를 " 왕이 시기하여 사람 죽이기
를 좋아하니 만약에 사실대로 아뢰면 왕시중이 반드시 해를 당하게
될 것이며 우리들도 화를 면하지 못할 것이다" 하고 이에 거짓말로
달리 아뢰었다.

이 기록은 왕건(王建)이 등극(登極)할 신비한 징후(徵候)에
대해 말하고 있거니와 그 가운데서 왕건은 흑금(黑金) 모습의
용에 견주어진 궁예와는 달리 청목 가운데에 몸을 숨긴 용으로
견주어져 있다. 이 기록은 고려의 역대 왕이 몸에 용린(龍鱗)을
지닌 것으로 되어 있는 전승과 함께 용신의 후예다운 고려왕들
의 면모를 전하여 주고 있는 것이다. 물론 다른 왕조의 왕권도
용으로 상징되어 있으나 고려의 왕들은 유달리 용의 비늘을 지
니고 있었던 것으로 전해지고 있다.

고려 왕통을 성화하는 2대 종교원리가 「산신숭앙」 및 「수[龍]
신숭앙」과 맺어져 있음은 무엇을 의미하는 것일까. 이 두 숭앙
이 한국 민간신앙의 대종을 이루고 있음을 생각한다면 그 의미
하는 바는 자명해질 것이다.

이것은 " 짐(朕)이 지극히 원하는 바는 연등(燃燈)과 팔관(八
關)에 있노니 연등은 불(佛)을 섬기는 바이요, 팔관(八關)은 천
령(天靈) 및 오악(五嶽), 명산대천(名山大川)과 용신(龍神)을 섬
기는 바이다" [朕所至願 在於燃燈八關 燃燈所以事佛 八關所以
事天靈及五嶽名山]라고 태조 스스로가 그의 훈요(訓要) 10조
중 제6조에서 밝힌 바에 의하여 더욱 분명해진다. 이러한 태조
가 밝힌 바 그의 신앙의 체계 속에 「산신숭앙」과 「용신숭앙」은
불타(佛陀)·천령(天靈)에 대한 숭앙과 함께 확고한 자리를 잡
고 있음을 알 수 있다.

길이 입산(入山)한 것으로 전하여지는 단군(檀君)이나 산신으

로 화한 탈해(脫解)의 선례를 좇아 스스로의 남계(男系) 조상을 산신화(山神化)하는 한편, 유화(柳花)와 알영(閼英)의 선례를 따라 그 여계 조상을 수신(水神) 내지 천수신앙(泉水信仰)과 맺음으로써 그 왕통을 성화하고 있다. 그것은 산악숭앙(山岳崇仰)과 용신(龍神 – 水神) 신앙을 대종(大宗)으로 하는 한국신앙의 기반 위에서 고려왕조의 성화가 이루어져 있음을 의미하기도 한다.

이에서 고려왕조는 신라·고조선·가락·고구려 등의 조왕(祖王)이 지닌 천강(天降)「모티프」는 단념하면서도 그들이 지녔던 무왕적(巫王的)인 성격은 의연히 회고하고 있는 셈이 된다. 호경이 무조적(巫祖的)인 전승을 지니고 있어서만이 아니고, 세계의 2대 종교원리가 무속신앙의 대종을 간직하고 있다는 점에서도 그러한 것이다.

단군신화에 있어서의 우주목적(宇宙目的)인 관념, 유리왕(琉璃王)의 승천중일(昇天中日)하는 책봉(冊封)의「모티프」, 동명왕이 지닌 지하계(地下界)와 천상계(天上界) 여행의「모티프」등등 북방「유라시아」(Eurasia)계의 전형적인 입무(入巫)「모티프」는 이미『고려사』「세계」에서 찾아볼 수 없다. 그러한 수직의 축(軸)을 따른 신성의「모티프」는 세계에는 보이지 않고 있다. 이 사실을 고려왕조가 관념적으로는 왕권 천부(天賦) 사상을 내세우고 있는 것과 매우 대조적이다. 신화적「이데올로기」와 관념적「이데올로기」의 불일치라고 볼 만한 것이다. 수직의 성화가 없다는 것은 무엇보다 세계(世系)가 역사시대의 소산임을 말해 주고 있다. 수직의 축을 따른 대표적인 신화적「모티프」를 그대로 답습(踏襲)할 수는 없는, 즉 시대의 소산임을 말해주고 있는 것이다. 그러면서도 그 당시로서도 신앙적인 기반을 갖고 있는 전승들에서 그 성화의 근거를 구하였을 때 「산신승앙」과 「용신승앙」이 부각된 것이다. 여기서 고려왕권과 민간신앙이 바로 맺어지게 된 것이다.

이처럼 고려왕조가 그 왕통을 성화함에 있어 산신과 수신신앙에 기대었다면 고려왕조가 이른바 도참사상(圖讖思想)을 그 국가적인 이념으로 삼은 것은 필연적인 추세라고 보여지는 것이다. 고려왕조에 유행한 그 풍수설의 한 소원(遡源)을 이에서 구할 수 있을 듯하다.

국가의 가호(加護)를 빌어 명산대천에다 왕이 스스로 친제(親祭)하고 태자로 하여금 두루 순례(巡禮)케 하고 혹은 신병(神兵)의 명우(冥祐)가 있었다 해서 산천에 가호한 사례는 『고려사』「세가(世家)」에 부지기수로 나타난다. 한 왕조의 운명이 산천과 그처럼 직접 맺어질 수밖에 없는 제1차적인 연원(緣源)이 이미 「세계」 속에 있는 것이다. 아울러 여러 차례의 배무론(排巫論)이 대두되었음에도 불구하고 궁중에서 각종 기양(祈禳)에 활용된 사실도 「세계」의 무속적 성화원리에 의해 해명될 수 있을 것이다.

고려왕정에서 베풀어진 각종 제례(祭禮)는 주술적인 성향을 강하게 지니고 있었다. 불교·도교 및 무속이 거의 가릴 바 없이 주술적(呪術的) 효용을 위해 원용되었다. 이 세 신앙의 복합성이야말로 우리 민간신앙의 또 하나의 모습이거니와 고려왕정의 신앙형태 역시 이에서 예외일 수는 없었던 것이다. 이러한 복합적인 주술행사에서 왕이 친초(親醮)하는 경우가 적지 않았다는 사실도 역시 세계의 무속적 성화원리에서 설명될 수 있지 않을까 한다.

고려의 왕권은 이처럼 삼국시대의 신성왕권을 회고하면서도

북방「유라시아」(Eurasia)이 전형적인 신화적「모티프」는 취하
지 못하고 당대에 있어서 의연히 민간신앙과 무속 속에 기반을
갖고 있던「산악신앙」과「수(용)신숭배」에 기대어 스스로를 성
화한 것이다.

3. 무속신화(巫俗神話)
— 바리데기의 경우

(1) 굿과 풀이

한국 무속(巫俗)은 만신전(萬神殿)의 종교다. 천(天)· 지(地)· 수(水)의 거시적인 ‘우주론적(宇宙論的) 신’에서 산(山)· 목(木)· 석(石)· 짐승 등의 ‘「애니미즘」의 신’에 이르기까지만 해도 적지 않은 수의 신들이 있다. 불교와 도교의 신이 신전(神殿)에 오른 지는 이미 오래여서 강한 지연성(地緣性)을 가진 자들 — 지신· 산신 등과 별로 갈등 없이 이웃하고 있다. 외래신(外來神)에 묻어서 들어온 것은 아니겠으나 외국인의 영혼이 신격화되어도 내국인이 신격화된 신과 평화롭게 공존할 수 있었던 것이 「샤머니즘」의 신통기(神統記)다. 인간에게 선의(善意)를 품은 백무신(白巫神)이 있는가 하면 악의를 품은 흑무신(黑巫神)이 있는데 대개 원통히 죽은, 이른바 원령(怨靈)일 때가 많다. 이 원령이 그러하듯 인격신이 자연신과 더불어 신봉되어도 조금도 어색할 것이 없다. 만일 누군가가 한국 「샤머니즘」의 신통기(神統記)를 쓸 수 있었다면 희랍신화의 경우 못지 않은 파란과 다양성에 넘친 신통기가 생겨났을 것이다.

이렇게 다양한 신들에게 무당들은 굿을 바친다. 국가나 사회를 위해 굿을 바치던 것은 이미 오래 전 옛날 이야기이지만 마을을 위해선 아직도 굿을 올린다. 한 가족, 한 개인을 위한 굿은 말할 것도 없다.

굿에는「살풀이」,「액(厄)풀이」등의「풀이」가 있고「부정(不淨)거리」,「푸닥거리」등의「거리」가 있다. 고사(告祀)나 축원(祝願)도 물론 굿의 일부다. 춤을 추고 노래를 부르고 재담(才談)· 덕담(德談)을 하게 되면 굿은 놀이가 된다. 굿은 그만큼 복합적이다. 일상 언어생활에서는 굿은「야단굿 났다」라는 표현에 있어서 그러한 것처럼 야단스러운 것이라는 함축적 의미를 지니고도 있다. 고사나 축원이 지닌 엄숙· 경건한 분위기와는 다른 일면이다.

「거리」는 별신(別神)굿 열두 거리라고 할 때의 그「거리」라서, 일련의 움직임 속의 한 과정을 뜻하고 있는 것 같다. 판소리나 탈춤의「마당」과 비슷하게 쓰이고 있는 것으로 짐작된다.「굿거리」란 말도 따라서 굿의 과정을 의미할 것이다.

「살풀이」나「액풀이」의「풀이」는 끼인 살을 풀고 맺힌 액(厄)을 풀어버린다는 뜻을 가지고 있는 듯하다. 해살(解煞)과 해액(解厄)이 각각 살풀이와 액풀이다. 풀이는 끼이고 든 부정이나 난리 또는 재난을 물리치는 일이다. 살풀이와 액풀이 대신에「살막이」와「액막이」란 말이 쓰이고 있는 것으로도 짐작할 만하다. 그것은「살맞이」, 곧 살을 맞는 것과 대조적이다.

그러나 풀이란 말은 달리「본(本)풀이」,「신(神)풀이」란 말에도 나타난다. 이 경우는 신의 내력이나 근본에 대해 풀이하는 것, 즉 애기하는 것이 곧 풀이다. 애기를 풀어 나가고 사설을 풀어 나가는 것이 풀이다. 애기가 곧 풀이다. 그것도 신에 관한 애기, 곧 신기(神記)가 다름아닌「풀이」다.

「살풀이」나 「액풀이」의 풀이가 해괴(解怪)요, 불양(祓禳)이라는 행위인 데 비해 「본(本)풀이」의 풀이는 얘기다.

신화가 「풀이」로 표현되는 곳에 한국 신화의 한 특수한 국면이 있다.

(2) 풀이로서의 신화

신화 곧 풀이는 신의 근본과 내력에 관한 얘기다. 신화는 「풀이」라는 형태로 존재하게 된 것이다. 신이 어디서 어떻게 태어나서 어떤 삶의 과정을 거친 끝에 드디어는 어떻게 결정적으로 신격화되었는가 하는 얘기 — 그것이 곧 풀이자 신화다. 적어도 오늘날에까지 남겨져 있는 신화로써만 얘기하는 한, 한국의 신화는 「풀이」다. 그런 점에서는 『삼국유사』, 『이상국집』 등 문헌에 실린 상고대의 신화나 현전하고 있는 무속(巫俗)신화나 다를 바 없다.

오구님아 본을 받자
오구님아 앉절 받자
오구님아 본은 기 어디가 본일넌고
경상도 안동땅이 본이로다.

무속신화 「바리데기」의 창두(昌頭)다. 「오구」대왕의 본을 밝히는 것으로 그 신화는 시작되고 있다. 그러나 바리데기의 경우, 얘기의 이른바 주동인물 즉 주인공은 오구대왕 아닌 바리공주다. 바리데기 신화가 지니고 있는 「풀이」성은 바리공주를 주인공으로 했을 때 더 잘 드러난다.

그 신화는 바리공주의 부왕의 내력과 결혼에서 시작하고 있으니까 바리공주의 근원에서부터 애기가 시작되는 셈이다. 따라서 오구대왕의 본은 바리공주에게는 「본의 본」이 되는 셈이다.

그러다가 애기는 바리공주의 불행한 탄생, 그로 말미암아 겪는 수난과 박해에로 옮겨간다. 바리공주는 불운의 막내공주다.

이것은 거의 모든 민담(民談)의 주인공이 공통으로 갖고 있는 성격이다. 민담의 주인공은 원칙적으로 지체가 얕은 미천한 인물로서 애기의 서두에 등장한다. 아비 없는 과부의 자식, 내버려진 고아, 주워온 아이, 흉하고 볼품없는 인물, 바보이고 재산 없는 사람 등이 원칙이다. 어쩌다가 왕자나 공주일 경우에도 그 신분만큼 행복하지 못하다. 으레 막내요, 불운을 겪는 처지에 있게 된다. 민담은 일반적으로 이러한 주인공이 무엇인가를 성취하는 과정을 줄거리로 삼고 있다. 바리데기 신화도 예외는 아니다.

바리데기는 버려진 공주다. 일곱 번째(아홉 번째)로 태어난 딸이기에 버려진 바리데기인 것이다. 「소박데기」에 있어서처럼 접미사 「데기」가 이미 이 공주의 불행을 예언하고 있다.

대부분의 민담에서 불운의 상태로 등장하는 주인공이 미덕이나 장점을 지니고 있는 것처럼 바리데기도 그러했다. 그는 마음씨 착한 불운의 바리데기였던 것이다.

오구대왕이 죽었을 때 혜택받고 복을 누린 손위의 공주들을 젖혀 놓고 불사(不死)의 생명수를 얻고자 모험을 자청하고 나선 것은 바로 바리공주다.

시영산(山)으로 생명수를 찾으러 나선 바리공주는 중도에서 간난과 신산을 겪은 끝에 드디어 소기의 목적을 달성하고 되돌아 와서 오구대왕을 되살릴 수 있었다. 공주는 드디어 그 공으

로 죽은 사람들의 영혼을 구원할 수 있는 신격(神格)을 누리게
되는 것이다.

모든 바리데기의 신화마다 생명수를 얻어 오는 곳이 시영산
인 것은 아니다. 무산(巫山) 선녀들이 살고 있는 한성봉으로 불
려지는 하늘 위의 세계일 때도 있고 아니면 옥황상제가 다스리
고 있는 하늘 위의 세계일 때도 있다. 천상계(天上界)일 때도,
일단 큰 강물을 건너고 난 뒤 그 천상계에 다다르게 된다. 학
이나 거북 또는 선녀의 도움 없이는 건널 수도 오를 수도 없는
피안의 세계를 암시하고 있다.

수많은 고비의 길을 지나 만경창파의 강물을 건너고 하늘을
날고 하고서야 비로소 도달할 수 있는 머나먼 피안의 세계다.
그곳이 바로 생명수 있는 곳이다. 도교(道敎)적인 천상계나 불
교적 윤색인 서천서역국(西天西域國)은 물론 후세적인 변이(變
移)에 지나지 않는다.

그곳은 인간들이 갈 수 없는 세상으로 관념되고 있다.

천상계에 이르기 직전의 강물에서 멱감고 있던 선녀들이 숨
어 있는 바리데기를 두고 하는 대화의 한 토막이다.

인간이 갈 수 없는 세계, 강물에 멱감으러 올 때 선녀들이
타고 온 줄에 의지해서야 바리데기가 비로소 올라갈 수 있는
세계다. 바리데기는 산 사람인데도 인간으로서는 오르지 못할
세계를 내왕할 수 있었다는 점이 주목을 끌 만하다. 그것은 살
아 있으면서도 피안의 세계를 내왕할 수 있는 것으로 믿어진 것
이 무당이기 때문이다. 무당은 육신을 이승에 둔 채로 그 영혼

으로 피안세계를 오갈 수 있는 것이다. 그런 점에서 무당의 「자유혼」은 보통 인간의 그것과는 판이하게 다르다. 자유혼이란 육신에 매어 있는 이른바 「육체혼」과는 대조적이다. 육체를 떠나 별개로 존재할 수 있는 혼이다.

그것은 둘째의 자아(또 하나의 자아)로서 육신이 살아 있는 동안에도 때때로 육신을 떠나서 스스로 혼자만으로도 살 수 있는 영혼이다. 그것을 더러는 그림자의 혼이라고도 불려지고 있는데, 그 모습이 그림자를 닮았다고 믿어지고 있기 때문이다. 자유혼은 혼의 소유자가 피동적이고도 적극성을 결여하고 있는 상황 속에 있을 때 육체를 떠난 영혼으로서 나타난다. 가령 꿈 속에서는 꿈의 영혼, 무당들이 경험하는 도취(陶醉)나 황홀감 속에서는 도취의 영혼, 갖가지 질병과 관련되어 일어나는 이른바 영혼상실의 경우에는 상실된 영혼 등으로 나타나는 것이다. 이에 비해서 육체혼은 그 소유주의 육체가 살아 있는 동안 육체에 매인 삶의 힘에 지나지 않는 것이다. 그것은 본래적인 의미의 영혼이 아니다.

자유혼은 그 소유주가 살아 있을 때도 잠깐씩 육체를 떠나듯이 소유주가 죽으면 길이 저쪽 세상으로 가서 따로 삶을 영위하는 것이다. 보통 사람의 자유혼은 육신이 살아 있는 동안 피안의 세계를 다녀올 수가 없다. 만일 다녀오는 경우가 있다 해도 무당의 자유혼의 도움을 받아야 한다. 피안을 자유롭게 오고 갈 수 있다는 점에서 무당의 자유혼은 자유혼 중의 자유혼이다. 이러한 자유혼의 소유자일 때 바리공주는 무당 혹은 무속신의 진면목을 드러낸다.

살아 있는 채 천상계를 왕래할 수 있는 특권을 누렸던 것은 바리공주가 버려진 존재ㅡ미덕의 소유자인 버려진 존재이기 때문이다. 세속적인 곤욕과 몰락은 성스러운 세계에서의 권능을 누리게 한 것이다. 버림밭에 버려진 박행(薄幸)이 특권을 보증한 것이다. 세속적인 예외자, 속세에서의 소외자야말로 신성 세계의 주동인물일 수 있는 것이다.

그러나 그의 특권은 영광과 빛이기만 한 것은 아니다. 동시에 그것은 크나큰 부담이고 짐이었던 것이다. 가시넝쿨이고 형극의 길이었던 것이다.

먼저 자신에게 과하여진 짐부터 부려야 했다. 천상계까지의 힘들고 험한 길을 가는데는 난관이 한둘이 아니었다. 풀 먹는 말에게 길을 물어야 했고 거북이 놓아주는 다리를 빌려 가까스로 강을 건너야 했고, 학의 날개에 실려 대하(大河)를 넘어 뛰어야 했었다. 그런가 하면 선녀들의 줄에 매달려 하늘에 오르기조차 했다. 그는 정말 동화적이고도 신화적인 간난의 가지가지를 겪어나간 것이다.

강제로 아내 삼으려는 마귀의 횡포를 기지(機智)로 벗어났고 생명수와 교환으로 신에게 봉사하며 힘든 노동을 마다않았을 뿐만 아니라 자그만치 열두 명의 아기가 소원인 그 신의 뜻을 이루어 주어야 했다.

아버지를 위한 생명수를 구해 오는 것은 바리공주 자신의 일이라, 그에 따르는 고난이야 차라리 겪어야 할 고난이었다고 할 것이다. 생명수가 있는 나라에 가기까지 그는 남의 일도 떠맡아야 했다. 죄지은 사람들의 죄풀이가 그것이다. 죄로 말미암아 고난을 겪고 있는 사람들을 위해 속죄하는 무거운 짐까지 지어진 것이다. 여기에서 이 고난의 공주는 그가 무속신앙적인 구원자임을 드러내게 된다.

천상계, 신들의 나라를 오가며 불행한 지상의 사람들이 겪고 있는 고난을 덜어 주는 것, 그것이 무당의 과업이다. 그는 그 때문에 바로 그의 자유혼에 의지해서 천상계를 오고 가는 것이다. 무당이 공동사회에서 누리는 「카리스마」적인 권위는 이 천상계 여행 때문이다. 그는 천상계를 여행할 수 있는 그의 권능 때문에 지상에서의 신의 대언자가 되어 신의 권위를 자기 것으로 삼는다. 인간들은 무당 없이는 신과 어떠한 관계도 맺을 수가 없다. 무당은 때로 신을 제 속에 모시고 신 그 자체로서 처신한다. 신이 무당을 통해 현신하는 것이다.

천상계에 다다라 천상계의 존재와 결혼을 하고 그로써 바리데기 스스로도 천상계의 한 가족이 된다. 단순히 천상계만을 다녀온 것이 아니라, 천상계의 존재가 되어 돌아오는 것이다. 그의 권위는 더욱 확실한 것이 된다.

생명수를 구해 오는 일은 이른바 「수탐(搜探)의 주인공」 얘기에서 흔하게 보는 세계적으로 보편도가 큰 대표적인 「모티프」의 하나다. 무엇인가 찾는 일을 과제로 하고 있는 인물이 수탐의 주인공이다. 수탐의 주인공이 찾는 것은 생명수 이외에 유괴·납치당한 공주(아내), 잃어버린 보물, 신비의 새나 짐승, 신성(神聖)한 물건 등이다. 많은 수의 민담은 수탐의 주인공이 어떻게 하여 이러한 수탐의 대상을 찾아내느냐 하는 것을 줄거리로 삼고 있다. 바리데기 신화는 그 같은 민담의 보편성에 기대어 이루어진 작품이다.

그러나 동화 속의 수탐의 주인공이 수탐하는 행위가 궁극적으로는 자신의 개인적·세속적 영달에 이르러 마무리지어지고 있음에 비해 바리데기의 경우에는 아버지의 구제, 나아가서는 남들의 구제, 인간 일반의 구제에까지 그 수탐의 여행은 작용을 끼치고 있다. 그리고 그 수탐의 경로가 천문학적이고 우주론적이다. 우주적인 규모에서 인류적 범주에 걸친 수탐을 행함에 있어 바리데기는 자신이 신화적임을 분명히 하고 있다. 바리데기는 신화적 인간 구원자다.

생명수를 얻어다가 죽은 사람을 되살리고 병을 고치고 하는 민담은 그 줄거리가 지닌 유형상의 특징이 「E 80」이라는 분류 번호로 정리되어 있다. 신들이 그들의 영원한 젊음을 위해 엄밀하게 간직하고 있는 샘물의 관념이나 또는 한국 민속에서도 볼 수 있는 약물 사상은 이 민담과 관련을 맺고 있는 것이다.

범세계적인 이 얘기는 그 원천도 어지간히 먼 과거에로 소급한다. 「바빌로니아」 신화에는 죽은 「탐무즈」를 위해 「이슈탈」이 지하세계로 내려가는 얘기가 전해지고 있다. 「이슈탈」 자신도 지하의 죽음의 세계에 이르렀다가 다시 지상세계로 돌아올 때 그 생명의 물로 몸을 맑게 해야 했다. 그래야 죽음의 세계를 벗어날 수 있었던 것이다. 남매 부부신 사이의 이 「바빌로니아」 얘기는 「수메리아」에서도 찾아볼 수 있어 인간이 가진 가장 오래된 신화의 하나임을 짐작케 하고 있다.

물론 우리는 고대 「메소포타미아」의 문화가 낳은 「이슈탈」 얘기와 바리데기 신화를 직접 맞대 놓고 그 양자간의 관계를 운위할 수는 없다. 그러나 죽은 사람의 구원을 위해 살아 있는 사람이 죽음의 세계를 다녀오는 얘기가 이른바 「올퓨스」 얘기로 유형화되고 그 분포가 구라파 전역은 물론 「아시아」를 포괄하고 북미대륙의 원주민 세계에까지 퍼져 있음을 생각한다면 바리데기 신화의 특색이 단순히 한국문화라는 범역 안에서만 해명될 수 없으리라는 예감을 갖게 된다. 더욱이 「올퓨스」 유형의 신화·민담의 근저에 「샤머니즘」적 원리를 보아낸 「스웨덴」의 인류학자 「오케 훌트크란쯔」 교수의 명제를 고려한다면

한국「샤머니즘」의 본색이 범인류적 시야 속에서 다시 살펴져
야 할 당위성을 인지하게 된다. 이때 우리는 이 같은 유형의
신화·민담이「수메리아」시대로부터였다는 그 역사의 유구성
도 십분 고려하여야 할 것이다.

바리데기 신화를 범인류적인 시야 속에서 부감하여야 할 필
요성은 이에서만 유래되는 것은 아니다. 그것은 바리데기 공
주처럼 버려진 아내 애기가「S 431」,「S 433」,「S 432」,「S
143」,「S 435」등으로 정리되어 있는「모티프」를 지니고 큰 보
편도를 지니고 퍼져 있기 때문이다. 어려서는 부모에게서 버려
지고 결혼해서는 남편에게서 버려진 여자 주인공이 우여곡절
끝에 마술의 샘에 도달하여 그 물을 마심으로써 불구의 몸골이
나 추악한 용모를 청산하게 된다는 애기가「버려진 아내」애기
다. 그로써 그 여인이 신분상으로 내려지기 이전의 상태로 복
귀함은 말할 것도 없다.

「수메리아」나「바빌로니아」까지 소급하는 전기한「E 80」의
애기가「올퓨스」애기를 거쳐「샤머니즘」적 원리와 맺어지는 것
이 사실이라면 바리데기 애기가 무속신화로서 전승된 것은「샤
머니즘」적 당위라고 해야 할 것이다.

바리데기가 생명수를 구해 오는 과정에서 무속적인 인간구원
자임을 분명히 하였을 때 그는 신격화 내지 성화(聖化)될 수
있었던 것이다.

여기까지가 바리데기의 풀이다. 그가 어떻게 태어나 어떤 과
정을 거쳐 성화되었는가 하는 것이 풀이되는 것이다. 태어나서
성화되기까지의 애기가 풀이되면서 바리데기 신화가 전개되는
것이다. 그로써 바리데기 신화는 일단락지어지는 것이다.

그러나 바리데기의 애기풀이, 그 사설풀이가 끝났을 때 또

하나의 풀이가 등장한다. 죽은 사람의 영혼을 저승까지 인도하기 위한 풀이다. 이것은 주원(呪願) 행위다. 주원을 푸는 것이다. 죽은 자의 소원을 풀어 무사히 극락까지 가게 하자는 것이다. 그것이 이른바 오구굿이다. 오구굿이 베풀어져야 할 대상이 주로 원통하게 죽은 영혼임을 생각한다면 그 원한을 푸는 것이 아주 중요한 의미를 지니게 될 것이다.

원통하게 죽은 자의 영혼은 이승에 머물러 배회하게 된다. 시집 못들고 죽은 처녀 원혼인 손각씨, 장가를 못간 채 죽었기에 원한을 품고 있는 몽당비 귀신 등이 그 예들이다. 장화홍련의 넋이 그렇고 밀양부사의 딸 아랑(阿娘)의 넋이 또한 그렇다. 이들의 경우는 원한 때문에 주검마저 삭지 못한다. 이들의 원혼이 품은 원한은 어떻게든 풀어져야 하고 그래서 그 영혼들은 무사히 서천으로 가야 한다.

원혼의 원한을 풀어 그 영혼을 서천에까지 인도하는 굿이 오구굿이다.

> 넋 건지기 굿당 옆 바닷가 사장에 유족들과 무당들은 모두 일제히 바다를 향해 섰다. 남무(男巫) 김재출 씨가 징을 치면서 독경을 하는 가운데 유족들과 무당들은 선 채로 허리 굽혀 절을 했다. 독경을 마친 김씨는 넋전[魂錢]을 놋주발에 담고 무명 헝겊으로 싸맨 것을 바다로 던졌다. 이때 유족들은 들고 있던 떡을 넋전을 향해 바다로 던졌다. 그리고 산 수탉을 넋전을 향해 던지고 닭이 바닷가로 헤엄쳐 나오니 이금옥 무녀는 손을 빌면서 닭을 맞이한다. 넋전의 줄을 잡아 당기어 꺼내어 소반에 얹고, 또 붙잡은 닭을 다리를 묶어 소반에 얹고 망자(亡者)의 사진을 함께 얹어 맏형 최씨가 상을 들고 집으로 향한다.

이 글은 문화공보부 문화재관리국에서 간행한 『한국민속 종합조사보고서』(경상북도편)에서 뽑은 것이다. 미혼으로 물에 빠져 죽은 사람을 위한 오구굿 중에서 그 원혼을 불러내는 장면이다. 바다를 떠돌던 원혼이 닭에 붙어서 그의 생가(生家)로 되돌아가는 것을 보여주고 있다.

이렇게 해서 물에서 건져진 영혼은 이웃에 살다가 역시 외롭게 죽은 처녀의 혼을 맞아 이른바 영혼끼리의 혼례를 올리고는 무당에 의해 저승에 인도되는 것이다.

> 오구대왕님이 살아서 오구대왕님은 버려라. 버리데기 던져라. 던지
> 데기 시영산 약물을 길러다 먹여 살렸건마는,
> 이 세상에 나와서 아무씨 망자(亡者)는 누가 날 살리나. 날 살릴
> 이 누가 있더냐. 불쌍하고 가련하다. 처량한 망자님아.

오구대왕이라서 살아났으나 그렇지 않은 사람은 도저히 되살아날 수 없는 것이다. 그래서 그 영혼은 이제 저승으로라도 무사히 인도되어야 하는 것이다.

워낙 굿을 하는 시기, 제전을 베푸는 시기가 바로 신화가 얘기되는 시기다. 오히려 굿과 제전을 통해 신화가 행동화된다고 할 수도 있다. 주원(呪願)으로서의 풀이가 곧 신화를 얘기하는 풀이를 수반하는 것이다. 주원풀이와 신화풀이는 겹쳐 있는 것이다. 오구굿은 그러한 이중의 풀이를 지니고 있다.

(3) 바리데기의 권능

현재의 바라데기 신화는 도교와 불교의 윤색을 심하게 입고 있다. 바리데기가 다녀오는 나라가 서천 서역국으로 표현되고

그곳에 미륵불이며 관세음불이 등장하고 혹은 수미산이 솟아 있는 것 등은 불교적 윤색이다. 그런가 하면 옥황상제가 살고 있는 천상계로 표현되는 것은 도교적 윤색이다. 서천 서역국에 다시 옥황의 천상계가 겹쳐 있는 땅으로 관념되는 경우도 있어 이럴 때는 도·불교가 한데 어울려 윤색을 가하고 있는 셈이 된다.

그러나 이러한 윤색이 가하여지기 이전의 모습은 어디까지나 죽음의 나라다. 죽은 자들의 영혼이 살게 되는 나라다. 육신이 숨을 거두고 난 뒤 자유혼들이 거기서 삶을 누리게 될 땅이다. 그곳은 그저 멀고 먼 곳, 살아 있는 자의 영혼이 못 가는 머나먼 곳이다. 산을 넘고 물을 건너고 흰 빛깔의 길을 지나서야 갈 수 있는 아득한 곳이다.

자유혼이 한 번 거기 다다르기만 하면 그뿐, 숨을 거둔 자는 영영 죽고 만다. 그 나라에서는 혼들이 빠져 나올 수 없는 것이다. 만일에 누가 죽었다 해도 미처 자유혼이 그 나라에 다다르기 전에 자유혼을 되돌이킬 수만 있으면 그 사람은 되살아날 수 있게 된다. 이른바 반혼(返魂)이다. 우리 민속 중 장례의 민속에서 이른바 호복(皐服)은 이 반혼을 위한 행위다.

> 망인(亡人)의 웃옷을 가지고 지붕에 올라 왼손으로 옷깃을, 오른손으로 허리를 잡고 북쪽을 향해 흔들면서 남자는 관직명이나 자(字)를, 여자는 이름을 부르게 되어 있다. 호복이 끝나면 지붕에서 내려와 호복을 한 옷을 시체의 가슴 위에 얹는다.

마당에 서서 지붕을 보고 오른손으로 망인의 속적삼을 잡고 왼편으로 흔들면서 망인의 주소 성명을 말한 뒤 「복 복 복」하거나 그냥 세 번 「복」만 부르거나 또는 「돌아보고 옷이나 가져

가시오」라고 외치기도 한다. 그리고 속적삼은 지붕 위에 던져 두었다가 후에 내려서 시체 가슴 위에 얹는다(이상 두 인용은 이두현· 장수근· 이광규· 공저 『한국학개설』에서).

숨을 금세 거둔 사람의 자유혼은 아직 집 가까운 곳 어디 쯤에 있을 것이다. 이미 길을 떠났다 해도 지붕 높은 데 올라가 부르면 소리 닿을 만한 곳을 가고 있을 것이다. 영혼의 집인 옷을 흔들면 그것이 보일 만한 곳에서 더 멀리는 가지 않았을 것이다. 이런 생각으로 영혼을 부르고 옷을 흔들어 손짓하는 것이다.

그러나 저승길도 이미 멀리 떠나 있고 영혼은 무당이 아니고는 되돌이킬 수가 없다. 길을 가고 있는 영혼을 뒤쫓아 갈 힘을 가지고 있는 것은 무당일 뿐이다. 일시 혼절한 사람 또는 혼수상태에 있는 사람이 무당의 굿으로 되살아났을 때 그의 영혼이 무당에 의해 저승길에서 되돌려진 것으로 믿어질 수 있었던 것이다. 그래서 심한 경우에는 이미 저승에 닿은 영혼을 빼내 올 수 있다고도 믿어진 것이다. 이런 데서 저 유명한 민담의 「죽음세계 여행」의 「모티프」가 생겨났다. 「이슈탈」이나 「올퓨스」가 그 여행이 가능한 인물이었고 바리데기가 또 그러한 인물이다. 이웃 일본의 창조신 「이자나기」가 또한 그러한 신이다(이 애기는 그 「모티프」가 「F 81· 1」로 정리되어 있고 애기의 유형은 Ikeda-AaTh 313으로 정리되어 있다).

바리데기도 워낙은 죽음의 나라 여행으로 죽은 자의 영혼을 재생시키는 권능과 지능을 지닌 무속신이었을 것이다. 그는 한국판 「올퓨스」이고 「이슈탈」이고 혹은 「이자나기」였을것이다. 재생이 불가능한 자의 영혼을 저세상까지 안내해 가는 것은 차라리 제2차적인 권능이었을 것이다.

영혼을 극락으로 인도하는 바리데기의 이러한 권능은, 죽은
자에게 다시 영혼을 되돌려서 재생케 하는 권능을 아무래도 능
가할 수 없는 것이다.

영혼을 저승으로 인도하는 바리데기의 권능은 그가 죽음의
세계를 다녀옴으로써 죽은 자를 되살릴 수 있었다는 데서 유래
한 것이 그 증거가 될 것이다.

삶과 죽음의 한계를 어쩔 수 없는 것이 보통 인간이다. 인간
은 그 한계 속에서 자신의 존재의 실상을 보게 된다. 매이고 제
한된 목숨, 그 불쌍한 몰골에 눈길이 닿았을 때 그는 어떻게든
이 한계를 넘어서고 이 제약을 이길 길이 없을까를 궁리하게
된 것이다. 스스로 인간존재로서의 가장 궁극적인 문제를 제기
하고 그리고 그 물음에 응답을 마련하려 하였을 때 그 한계를
넘는 자유자, 그러한 권능을 지닌 자유자를 상정한 것이다.

생사의 한계 앞에서 그것을 초극하는 자유를 마음하면서 이
바리데기라는 존재가 탄생한 것이다. 인간이 자기 존재의 근원
에 던진 한 물음이 스스로 마련한 해답, 구속과 제한을 벗어나
려는 문제의식이 그 자체로서 자유를 지향하며 얻어진 해답이
그것이 바리데기다. 바리데기는 그 같은 자유의지의 딸이다.

⑷ 바리데기 풀이와 성무(成巫)의 절차

바리데기의 본풀이는 한 인간이 무당이 되어 가는 과정을 충실히 반영하고 있다.

이미 잘 알려져 있다시피 그저 평범하던 인간은 그가 무당이 되려는 즈음에 무징(巫徵)을 드러낸다. 신체적인 고통과 정신적인 불안·초조 등을 노정한다. 보통 사람과는 달라져 보통 사람 아닌 다른 사람의 몰골을 갖는 것이다. 이때는 가령 그가 사람을 피하고 사회를 꺼려서, 육체적으로 스스로를 단절된 상태에 몰고 가지 않는다 해도 이상의 무징 그 자체 때문에도 그는 이미 소외된 상태에 있게 된다.

그러다가 그는 신의 계시를 받는다. 꿈에 신을 보아 현몽을 받거나 직접 환청(幻聽)이나 환시 경험으로 신을 접하게 된다. 그때 신은 그에게 앞으로 그가 신의 봉사자로서 해야 할 과제를 예언한다. 무엇을 찾아라, 무엇을 바치라, 시키는 대로 무슨 짓을 하라 등과 같이 주어진 과제를 다하면 그는 고통에서 벗어나 이제 한 사람 몫의 무당이 되는 것이다. 그가 접한 신이 내린 과업을 그대로 수행해서 그의 효험이 실증되는 단계가 필요할 때도 있다.

① 무징의 발현 → ② 사회나 남들에게서의 소외 → ③ 신과의 만남 → ④ 신의 과업수행 → ⑤ 효험의 입증 → ⑥ 무당으로서 자격 획득으로 이루어지는 무당이 되는 절차가 바리데기 애기의 기층적(基層的)인 구조를 이루고 있음이 짐작될 것이다.

①은 없다고 해도 버려지는 바리데기가 ②에, 생명수를 지키는 신과의 만남이 ③에, 그 신이 요구한 과업의 수행이 ④에 그리고 저승을 무사히다녀 온 것과 생명수에 의한 죽은 사람의

재생이 ⑤에, 마지막으로 저승에로 영혼을 인도하는 권능을 수임받게 되는 것이 ⑥에 비견될 수 있을 것이다.

실제로 무당이 되기까지 베풀어지는 제의(祭儀)적인 절차로 무속신의 본풀이가 서로 대응하고 있음은 무속신화가 무당들에 의해 실제로 행하여진 종교적 행사를 풀이한 것임을 보여 준다. 여기서도 굿과 풀이는 같은 것이다. 굿이 곧 풀이고 풀이가 곧 굿이다. 풀이굿이고 굿풀이다. " 신화는 춤추워진다"는 유명한 「마렛트」의 명제는 이 경우에도 해당된다.

실제 동북아시아의 「샤먼」은 성무식(成巫式)에서 나무를 타고 하늘을 다녀오는 절차를 보이고서야 비로소 「샤먼」으로서의 자격을 얻는다. 이러한 성무식의 절차는 세계의 기둥 또는 세계의 나무로 불려지는 하늘과 땅을 하나로 잇는 매체(媒體)에 의지해서 하늘을 다녀오는 무속신화와 맺어져 있다.

혹은 산이고 혹은 선녀의 줄이어서 매체가 다를 뿐, 바리데기도 하늘을 다녀와서 무당이 된 것이다. 더욱 그 산이 수미산으로 불려져 불교적인 윤색을 입은 세계산임을 고려할 필요가 있다.

바리데기 신화의 기층에 무속제의가 깔려 있다는 것은 무속신화가 지닌 현실성에 대해 말해 주게 된다. 무속제의(巫俗祭儀) 그 자체는 엄연한 인간행위이기 때문이다. 실제로 행하여졌고 다 행하여지고 있는 인간 현실이기 때문이다.

(5) 무속신화와 삼국의 신화

단군신화, 고주몽신화 그리고 혁거세· 김알지· 석탈해 등 여러 신라의 신화는 그대로 본풀이다. 이 신격적인 인물들의 탄생 전의 근원에서 탄생의 유래, 결혼의 절차 그리고 왕으로 등극하는 상황 등으로 그 신화들은 엮어져 있는 것이다. 또 그들이 죽은 후에 신격화되어 숭앙된 것에 대한 풀이도 빠뜨리지 않고 있다.

한 인물이 어떻게 왕이 될 수 있었는가 하는 본풀이가 바로 고조선 및 고구려·신라의 신화다. 성조신 본풀이라는 무속종교의 술어를 빌려 쓰자면 한국 상고대 신화는 단군왕·동명왕·혁거세왕 본풀이로 불려져도 무방할 것이다. 이 점에서 삼국시대의 신화나 무속신화를 가릴 것 없이, 한국 신화는 그 기본적 성격을 본풀이에 두고 있음을 알 수 있다. 본풀이야말로 한국 신화가 한국 신화로서 지니고 있는 단일적인 징표다.

상고대 신화가 본풀이란 점에서 무속신화와의 사이에 지니게 되는 공통점은 상고대 신화 속에 비쳐진 왕권의식으로 더한층 확대되고 심화된다. 혁거세·고주몽·단군이 모두 하늘에서 유래되었음을 생각해 보자. 혁거세는 말에 인도되어 줄을 매체로 하여 직접 지상으로 내려 왔다. 고주몽은 하늘에서 하강한 신 해모수의 아들신이다. 그에 관한 일부 전설은 그가 평소에도 하늘을 내왕했을 뿐만 아니라, 죽어서는 길이 승천한 것이라고 일러 주고 있다. 하늘은 그를 위해 하늘 자체의 힘으로 공사를 일으켜 하늘의 성을 골령 마루 위에 지어 주기도 했다. 고주몽은 하늘의 성지를 지상에 지니고 있었던 것이다. 고주몽의 아들 유리도 하늘을 나는 권능을 지님으로써 그가 왕자될 자격을 지니고 있음을 밝힐 수 있었다. 그도 아버지나 할아버지처럼 하늘을 내왕할 수 있었던 셈이다.

단군 역시 하늘에서 하강한 천신의 아들이다. 그 부신(父神)

은 하늘에서 내려온 그 자리에 신시(神市)를 베풀었다. 이들 여러 신은 하늘에서 내려왔거나 하늘을 내왕할 수 있는 권능을 지니고 있었다.

하늘에서 신목(神木)에 의지해 지상으로 내려 그곳을 성역화한 단군의 부신(父神)은 동북 아시아「샤머니즘」의 원리를 농후하게 지니고 있다. 지하세계와 지상, 그리고 하늘까지 말을 타고서 순례할 수 있었던 동명왕도 역시「샤머니즘」과 무관할 수 없다. 왕과 동시에 무당도 의미했었다는 신라의 자충(慈充)이 한국 상고대의 왕권이 무속신앙과 맺고 있었던 유대에 대해 말해 주고 있다. 한국 상고대의 왕들은 무속적 왕권을 향유하고 있었던 것이다. 그들은 신성(神聖) 왕이자 무속왕이었던 것이다. 환웅(桓雄)의 이른바 홍익인간(弘益人間)적인 구세의식(救世意識)도 따지고 보면 바리데기의 구세기능에서 멀지 않을 것이다.

상고대 신화도 필경은 무속적인 원천과 맺어진 왕권에 관한 본풀이다. 그 본풀이가 왕조의식과 강하게 맺어져 나라의 본풀이가 되었을 때 건국시조 신화로 관념된 것이다. 만일에 상고대 신화를 무속원리를 배경으로 하는 나라와 시조왕에 대한 본풀이라 본다면 자연 한국 신화의 원형은 무속의 본풀이에서 구하여야 할 것이다.

여기서 좀더 대담한 추측을 하여 본다면 다음과 같은 얘기를 해 볼 수 있게 된다. 즉 상고대 원시국가들이 출현하기 이전 씨족이나 부족 공동사회에 군림하던「카리스마」적 권위의 무당이 지닌 본풀이에 왕권의식이 결착(結着)하면서 한국 상고대 신화가 생겨난 것이라고 추론해 볼 수 있는 것이다.

약간의 예외를 제외하고 한국 신화는 가령 그것이 상고대의 것이든 혹은 무속의 것이든 본풀이 일변도이다시피 하고 있는 원인도 이런 곳에서 찾아야 할 듯하다.

단편적으로 천지창조 신화가 있을 뿐, 본풀이 하나로 한국신화는 거의 단일화되어 있다. 그럴싸한 자연신화가 없고, 신들의 갈등을 다룬 신화가 있는 것도 아니다. 사물의 기원을 말하는 설명신화가 흔한 것도 물론 아니다.

신화의 본풀이성은 비단 상고대나 무속신화의 것만으로 끝나지 않는다. 왕권과 관련한 전설로는 고려조를 거쳐 이씨왕조에까지 그 자취를 남기게 된다. 그 같은 이씨왕조의 전설집이라 볼 수 있는 『용비어천가』도 필경 왕조의 본풀이다. 유명한 제주도의 고·양·부 삼성의 씨조풀이의 전통은 고려조 중엽 하동 봉씨의 신화·전설적인 씨조풀이를 낳게 된다. 그런가 하면 각 마을의 서낭이나 탈춤을 에워서 형성된 신화나 전설도 역시 서낭과 탈의 본풀이 일색이다.

신화 내지 신화적 잔영이 있는 전승(傳承)이 있는 곳이면 어디에나 본풀이가 있는 셈이다.

이러한 신화의 본풀이성이 드디어는 각 씨조가 지닌 극단적인 족보의식을 초래한 것이 아닐까 하고 생각도 해보게 된다. 그만큼 신화의 본풀이성은 압도적인 것이다. 족보란 필경한 씨족의 본풀이라는 성격을 가지고 있는 것이다.

4. 신화와 문화적 정통(正統)

(1) 신화의 존재근거

신화는 모든 것의 고향에 관한 애기다. 신화는 어떤 형태, 어떤 모양으로나 무엇인가의 기원에 대해 애기하고 있다. 무엇인가 있는 것의 기원에까지 거슬러 올라가다 보면「존재의 기원」이전에까지 미치게 되는 경우도 있다. 신화가 더러 어둠이나 혼돈이라는 말들로써 무(無)에 관해 애기하게 되는 것이 그 경우다. 그렇다고 해서 신화가 존재 있기 이전의 공간(空間)과 시간(時間)에 관해서 애기하는 정도로 이해해서는 안 된다. 공간 있기 이전, 시간이기 이전─ 그래서 별수 없이 신화적 차원이라 부를 수밖에 없는 그런 차원에까지 되돌아가는 것이라고 보아야 한다.

이 신화적 차원이 인간의 세기와 세계 저 너머에 있으리라는 것은 쉽게 짐작할 수 있다. 따라서 신화에 등장하는 사건은 인간이 증언할 수 있을 성질의 것이 아니다. 인간이 목격할 수 없었던 시공의 일들이기에 인간으로서는 그 진위를 가늠할 수 없는 것이다.

그러므로 신화는 신들 스스로에 의해 애기되고 신들에 의해 인간에 전하여진 것이다. 신화의 진위 여부는 신화 자체에 기대어 있을 뿐이다. 신화는 신화 그 자체 속에 그 존재의 뿌리를 두고 있다. 이것이 신화의 자족성이다. 그 자족적 명증성이다.

　신화는 신들에 의해 얘기되고 신들에 의해 전해진 모든 것의 원천에 관한 얘기다. 우주가 어떻게 창성되었는가 하는 얘기, 하늘과 땅의 구분, 삶과 죽음의 분단이 어떻게 비로소 생겼는가 하는 얘기, 불이 어떻게 만들어졌는가, 또는 죄가 최초로 어떻게 지어졌는가 등에까지 두루 미쳐 있는 얘기다.

　물론 신화의 창작자가 인간이란 것은 의심할 여지가 없다. 하지만 신화를 만든 것이 인간이라는 명제는 신화가 신들에 의해 지어져서 신들에 의해 전해진 것이라는 명제와 결코 어긋나지 않는다. 인간이 신화를 창조할 때 신들이 그러했으리라고 믿어진 그대로 창조한 것이기 때문이다. 이미 인간 이전서부터 신의 세계에 있어왔던 얘기를 그대로 전수하고 있다는 의식 속에서 신화는 지어지는 것이기 때문이다. 그것은 신화의 「디크타트」 의식이라 불러도 좋다. 누군가가 구수(口授)하는 것을 받아 적는 것을 「디크타트」라고 한다. 이 「디크타트」 의식이 신화의 존재 근거다. 신에게 주어지는 「디크타트」이기 때문에 그것은 신비의 얘기다. 그것은 「로고스」가 아니다. 「무토스」다. 「뮤톨로기아」는 이미 존재하고 있는 것을 계승해서 얘기하는 행위를 의미하는 것이다. 오래 전서부터 그 원형이 정해져 있는 것이 언제까지나 생명을 잃지 않고 이어져 가는 것이 「뮤토스」다.

　「뮤톨로기아」의 이러한 의미는 「포이에시스」와 대비될 때 더욱 명백해진다. 시를 뜻하고 창작을 뜻하기도 하는 「포이에시스」는 특정한 현재에서 특정한 개인이 그 스스로의 영감에 의해 무엇인가를 창작하는 것을 의미하고 있다. 그것은 원형 또는 원천을 돌아보는 행위가 아니다. 그러나 신화는 언제나 돌아본다. 이미 굳어져 있는 규범을 돌아보며 얘기되는 것이 「뮤 톨로기아」다.

이래서 신화는 숨쉬며 살아가는, 혈맥이 약동하는 전통을 타 고 간다. 신화는 신에 의해 마련되어서 이미 존재하고 있는 전 제에 바탕을 두고 행하여지는 예술이다.

(2) 신화의 정통성

신화가 이처럼 되돌아가는 전승임에도 새로운 시대에 전하여 지고, 새로운 시대에 있어서도 문제되고 있는 것은 무엇 때문 일까. 그것은 되돌아가는 일이 현재하는 것을 위해 필요하기 때문이다. 현재하는 것을 보고자 하는 눈이 옛날에로 되돌려지 는 것이다. 신에 의해 비롯된 그 어느 옛날로 되돌아가는 것이 현존하는 것의 뿌리를 들여다보는 것과 같은 의미를 가질 때에 그 회고는 가치를 지니게 된다.

> 종교와 문화가 아직도 야성적인 힘을 지니고 존재하고 있을 때에, 양자는 필연적으로 그 근저에 있어 하나인 것이다. 그 경지에서 종교 는 문화 위에 덧붙여진 가치 따위가 아니고 오히려 문화의 본원적인 진실의 가장 심원한 현현이다. ……종교의 성스러운 영역 속에서는 문화공동체의 모든 힘, 모든 모습이 영원의 양상을 지니게 된다. ……어느 문화에나 그 고유한 의지, 가치관, 목표가 있다. 비록 종교 가 문화의 그러한 국면을 깨닫고 있지 못하다 해도 그 국면을 성스 러움의 움직임 속에서 그 스스로의 심오한 의미를 터득하게 된다.

이것은 신학자 「오토」의 증언이다. 종교가 문화와 일체가 되 고 문화의 근지가 될 때 신화 또한 그러리라는 것은 쉽게 예측

할 수 있다. 신화란 성스러운 것의 현현에 관한 얘기이기 때문이다. 그것은 신성현현을 회고하는 얘기이기 때문이다. 신화와 종교 가운데 어느 것이 어느 것의 밑받침이 되었느냐 하는 것을 따지는 것은 어리석은 일이다. 양자는 동일한 것의 조금씩 다른 표현에 지나지 않는다.

문화공동체의 모든 힘, 온갖 모습이 영원의 상호를 나타내게 되는 근저에 신화가 있다면 신화는 샘물처럼 목마른 우리로 하여금 그 자신을 찾게 하고 어둠 속의 북두성처럼 길잃은 우리로 하여금 그것을 우러르게 하는 것이다. 영원의 상호라 할 때, 그 영원은 시간적인 무한의 지속만을 뜻한다고 생각할 일이 아니다. 그것은 동시에 미와 진리 그리고 선이라는 것의 영원성을 감득하는 인간의 속성을 의미하기도 한다고 생각하는 것이 좋다. 그것은 영원한 인간의 스승 「소크라테스」가 죽음에 다다라 비로소 포착할 수 있었던 「영원」이다. 우리들의 삶에 있어 더없이 가치 있는 것이 지니고 있는 영원성이 굳게 심증될 때, 그 찰나에 인간은 영원한 것이다. 가치 있는 것의 영원성을 믿을 때 인간은 그 가치의 영원에 참여하고 그런 한도 안에서 비로소 영원할 수 있는 것이다.

무한히 오래 사는 것이 인간에게 있어서의 영원이라면 인간은 너무나 처참한 존재다. 그 영원은 절대로 불가능한 것, 절대로 인간에게 주어질 수 없는 것이기 때문이다. 구질구질 오래 사는 것, 이승을 넘어 저승에서 이승과는 다른 어떤 형태의 삶이 있으리라는 생각, 그런 것과 인간영원은 아무 관계도 없는 것이다. 그런 것이 인간의 영원이라면 인간은 돌멩이만도 못할 것이고 구름과 물만도 못할 것이다. 돌멩이는 인간에 비하면 끝없이 오래 지속할 수 있고 수증기로 사라진 물은 구름의 형태로 저 하늘 높이 지속될 수 있기 때문이다.

가치 있는 것의 말살을 기도하는 권병(權柄) 때문에 그 가치에 몸바친 사람이 무참히 쓰러져 간다 해도, 가령 이슬방울처럼 쓰러져 간다 해도 영원한 것은 이슬방울이지, 권병의 철추(鐵槌)가 아닌 것이다. 인간의 영원은 살아 있는 염통 한가운데에 박혀 있는 것이다. 영원은 그만큼 생생한 것이다. 죽음 뒤의 어둠에서 찾을 것도 아니고 피안의 안개 속에서 더듬어 잡을 것도 아니다. 그것은 우리가 살아 있는 동안, 생명의 중추에서 붙들어야 하는 것이다. 영원은 여기 있는 이 생명에 있어서만 가능하다. 영원은 인간을 기다려서 비로소 존재한다.

신화가 문화공동체의 모든 힘, 모든 모습을 그 영원의 상호에 있어 현현케 한다는 말은 신화가 가치 있는 것의 영원성을 심증하고 궁극적인 가치기준이라는 것을 의미한다. 한 민족의 문화가 굳이 영원한 가치를 지녔으리라고 심증한 것에 관한 얘기 — 그것이 신화다. 물론 그것은 신들에 의해 보장된 것이라야 한다. 신들의 행적에 의해 이미 실증된 것이기에 인간 스스로도 구원한 가치로 받아들여야 할 것들에 관한 얘기가 신화다.

「카시러」는 신화의 회고성 — '아득한 시간에로 회귀하고, 과거의 심층에 되돌아가 침잠하는 것'— 은 그로써 신화가 성스러운 것 또는 종교적 의의를 가진 것으로 나타나게 할 뿐만 아니라, 신화를 그 자체 정당한 것으로 입증하는 구실을 다한다고 말한 적이 있다. 신화는 신들에 의해 마련된 영원한 가치의 범주를 회고하면서 정당화되는 것이다.

신화가 회고하고 되돌아가는 것은 단순히 그 자신이 오래된 것, 역사의 마멸작용을 이겨내고 버텨온 그 자신의 유서의 깊이에 의한 관심 그것 때문만은 아니다. 오래된 것 이상으로 그 자신이 한 문화공동체의 정통이란 것에 대한 집념 때문이다.

　우리가 오늘날에 있어 한국 신화에 대해 물어야 할 것 가운데 가장 중요한 것의 하나는 한국 신화가 지닌 문화적 정통성에 관한 물음이다. 한국신화가 무엇을 신들에 의해 마련된 영원한 가치라고 보여 주고 있는가 하는 문제에 대한 물음이다.

⑶ 신화― 세계의 축으로서의 자명성

　한국 신화는 매우 인문적이다. 그것에는 우주창성의 「모티프」도 없다. 신들의 탄생이며 그 계보에 관한 애기도 없다. 신들의 갈등에 관한 「모티프」는 물론 없다. 태양과 별, 혹은 달이 주인공이 되었음직한 이른바 자연신화의 자취를 찾기도 쉽지 않다. 동물과 인간의 교섭에 관한 애기도 흔하게 눈에 뜨이고 있는 것은 아니다. 신의 애기를 하되 신 자신의 애기로서가 아니고 신과 인간이 어떻게 교섭을 가졌느냐 하는 애기로 한국 신화는 기술되어 있다. 신이 스스로의 뜻에 의해 인간계에 내려온 애기, 인간이 신을 바랐을 때에 때맞추어 신이 인간 세상에 현신한 애기― 그런 것으로 한국 신화는 시작된다. 신으로 태어났으면서도 인간세상에 인간과 더불어 살게 된 신의 애기들이다. 일단 인간계에 내려온 이상, 인간과 같은 숙명을 지니고 인간과 비슷한 삶의 도정을 거쳐간 신의 애기들이다.

　탄생을 하고 결혼하고 또 죽을 때가 되면 죽기도 하는 그런 신이다. 무엇엔가에 의해 태어나기 이전서부터 존재하고 있고, 스스로 만유에 앞서 자족적으로 존재하는― 그런 절대자 같은 모습은 이 땅 신화 속의 신의 모습이 아니다. 일단 인간세상에 내려온 뒤의 그는 버려지기도 하고 인욕을 겪기도 하고 인간들과 경합을 벌이기도 하는 존재다. 신으로서는 좀 모자라는 듯한 몰골을 지니고 있다. 그러나 좀 모자라는 듯한, 그리고 적지 않게 인간적인 듯한 신들이지만 인간에 있어서의 그 의미는 크다. 그가 비록 피안 높으디 높은 곳에서 절대적으로 인간을 다스리지 않는다 해도, 인간에게 끼치는 그의 영향은 결정적이다. 그로 말미암아 공동체에 구심점이 생기고 비로소 나라가 열리게 된다. 한국 신화는 군데군데에서 신의 군림으로 비로소 사람 사는 세상에 질서가 생기고 삶의 틀이 잡혔음에 대해 얘기하고 있다. 지상적인 것, 인간적인 것이 비로소 그럴싸한 것, 그렇게 존재할 만한 것으로 보장된 핵이 곧 그 신들이다.

인간생활의 그물은 그에 의해 간신히 그 결속이 가능했던 것이다. 지상적인 삶의 질서의 중추로, 지상적인 규범의 으뜸으로 그는 지상에 나타난 것이다. 그가 번영과 평화를 가져다 주었다 해도 그 의의는 차라리 제2차적이다.

그는 지상에 내림(來臨)할 만한 존재인 것이다. 그에게는 온 집단이 통틀어 그를 위한 제전을 베풀 만한 것이다. 그가 일러준 범전을 따라 그에게 어울리는 것이 베풀어져 마땅했던 것이다. 그가 최초로 모습을 나타낸 곳은 세계의 중심다운 성지가 되고, 그가 의지해 하늘을 오고 갔을 나무는 세계를 떠받드는 기둥다운 성수가 되어야 했던 것이다. 그의 신화는 어김없이 지켜지고 받들어졌던 것이다.

그는 공포와 외경의 대상이기도 했지만 아울러 신뢰와 희망의 대상이기도 했던 것이다. 그는 힘의 권능이 있었으나 함께 보호의 품이기도 했던 것이다. 사람들은 그를 따르며 두려워하였고 두려워하며 따랐던 것이다. 『가락국기』는 상고대의 한국

인들이 신을 맞을 때 어떻게 환희했으며 아울러 어떻게 경배를
바쳤는가에 대해 얘기하고 있다.

한국의 신은 외경과 신뢰가 바쳐져 마땅한 인간생활 질서의
초점으로 이 지상에서 인간과 더불어서 생활한 것이다. 그토록
그들은 인문적이다. 에누리 없는 인간신이다.

그러나 그들이 그처럼 인간세계 질서의 초점이 되고 그 중핵
이 된 것은 무엇 때문이었을까. 그의 그 신비로운 힘, 그의 그
신묘한 권능은 무엇으로 마련된 것일까.

그것은 신들이 지닌 자족적인 명증성에서 유래되는 것이다.
신이 인간에게 강제하여 된 것도 아니고 인간이 조작하여 꾸려
맞춘 것은 더욱 아니다. 신 자신에 내재하는 힘의, 그 또는 속
성의 의심할 수 없이 명백한 징후들 때문에 신은 인간세계의
축이 된 것이다. 스스로를 신으로서 현시해 보인 자명한 표징
때문이다. 누군가가 신이라고 이름짓기 이전부터, 어느 사람이
신이라고 경배하기 전부터 신은 미리 신 이외의 아무것도 아니
었던 것이다. 그때까지 그는 다만 스스로를 신으로서 현시하지
아니했을 뿐이다. 인간은 신성에 접할 수 있는 한도 안에서 세
계에 대한 신성을 얘기할 수 있을 뿐이다. 신에 접하는 것도
신이 발하는 그 빛 때문이다. 그 신성한 징후 때문이다. 새와
짐승이 그 출현의 전조로서 나타나고 빛나는 발광체로 더불어
천상에서 그가 강하하면 그것으로 이미 그는 신이기에 족한 것
이다. 저 하늘 위에서부터 그가 이제 막상 하강할 지점인 지상
에까지 드리워 있는 길고 긴 자줏빛 줄은 그가 천상적인 존재
임을 드러내는 신성의 증거다. 그의 혈통을 이어 받으면 별스
럽지 않게 천상으로 날아 올라 해에 닿을 수 있는 능력을 간직
하게 된다. 스스로 변신하고 마음대로 모습을 바꾼다. 그는 뜻

대로 천계를 다녀오고, 급기야는 천계로 되돌아갈 수 있다.

그가 가진 모든 속성은 결국 하늘과 빛 그 자체다. 선(善)이고 진(眞), 성(聖)이자 미(美)인 하늘과 빛 그 자체처럼 그는 세상에 온 것이다.

빛을 의심할 사람은 아무도 없다. 빛을 부인하면 부인 그 자체가 어둠임을 증언하게 된다. 빛을 대하는 자의 존재도 빛을 대하여 비로소 드러나는 것이다. 빛은 빛 아닌 것의 존재의 근거이기도 한 것이다.

빛의 자명성, 빛의 자족적 명증성으로 한국 신화의 신들은 나타났고 그로써 인간세계의 중핵으로 자리잡을 수 있었던 것이다. 중핵이 있기 이전의 세계는 참답게 세계라고 부를 수 없는 것이기에 미리 있는 세계에 덧붙여진 중핵이라 생각해서는 안 된다. 그 중핵이 있고서야 비로소 세계가 있게 된 것이다. 신은 세계를 결정할 것이다. 단군신화 속의 신시(神市)란 그같이 결정된 세계의 중심이다. 그 신시에 모여 사람들은 그들이 사는 세계가 이제 제대로 잘 짜여진 것임을 실감하였을 것이다. 중심이 없는 세계란 세계 이전의 혼돈이고 무질서이기 때문이다.

세계에 중심을 부여하여 세계를 비로소 세계이게 하는 힘, 그것은 자명한 것이고 자족적으로 명증한 것이라야 한다. 스스로 빛나는 것, 스스로 하늘처럼 보편성과 높이를 지닌 것 그 자체라야 한다. 그 자체로서 이미 정당한 것이라야 한다.

그것은 세계 그리고 세계에 존재하는 모든 것에 의해 그 존재의 근거로서 자발적으로 구하여지는 것이고 그 구하여짐 속에서 자명한 것으로 드러나는 것이다. 그것은 무엇보다도 세계 자체와 그 위의 존재들을 위해 필요한 것이다. 세계와 세계의 존재들이 스스로 존립하고 스스로를 확보하기 위해서 구하는 근거 그 자체로서 신은 나타난 것이다. 신은 이러한 세계와 세계의 존재들의 마음속에 자명한 것으로, 명증한 것으로 나타난 것이다.

그것이 이 세계에 있어서의 권위의 모습이다. 지고의 규범, 최선의 범주가 지닌 모습이다. 그것이라야 인간심성 속에 영원한 것으로 깃들일 수 있는 것이다. 그것에 바쳐지는 마음속에서 인간은 자신이 영원에 살고 있음을 확인하는 것이다. 그 자체로서 의심할 수 없이 정당한 것에 귀의할 때, 비로소 인간은 지상의 순간적 삶 속에서도 오히려 영원을 포착하는 것이다.

자명한 규범, 자족적 명증성을 지닌 규범, 스스로 정당한 권위의 빛에 비추어져 한 문화전통은 비로소 그 정통성을 내세울 수 있다. 인간문화란 명료한 정당성의 추적 이외의 것이 아니기 때문이다. 문화란 빛을 향하는, 빛에의 의지가 낳는다. 풍요도 번영도 명료한 정당성의 빛을 발하지 못하는 곳에서면 필경 어둠에 지나지 않는다. 그것도 결국 인간 허무의 또 다른 표상에 지나지 못한다. 오늘날 우리가 신화를 따라 아득한 옛날에로 회귀하는 것은 문화적 정통을 뒷받침한 그 자명한 정당성을 의식하는 일이다.

5. 신화와 민속
— 현재를 살고 있는 신화

(1) 가옥 속의 신화

지금도 농촌의 가옥에 들어서면 그 대청마루의 대들보에 흰 문종이가 접혀져 매달려 있는 것을 볼 수 있다. 왕돈이 한 푼쯤 들어 있는 경우가 있고 쌀낟이 몇 알 끼어 있을 때도 있다. 지방을 따라서는 부엌 대들보에 매달려 있는 수도 있다.

도시인의 눈에는 아무렇지도 않은 이 종이 한 장 때문에 가옥의 의미는 달라진다. 인간들이 세속적 일상생활을 누리는 보호된 생활공간 이상의 것이 가옥임을 이 백지는 말해 주고 있다.

이 백지(白紙)가 바로 「성주」다. 한 집안의 수호신이다. 백지는 한 가옥의 가장 요긴한 부분에 모셔져 있다. 매달려 있다는 표현은 적절하지 않다. 가옥 구조에서 상량(上樑)의 기능과 가옥건조 절차에 있어서 상량식(上樑式)이 갖는 의미를 생각하면 성주가 대들보에 모셔진 유래를 짐작할 수 있을 것이다. 「성주」는 때로 상량신(上樑神)으로도 불려진다.

수호신이 모셔진 가옥은 이미 일종의 사원이다. 혹은 성전이다. 적어도 신의 집이다. 이에서 우리들은, 가옥은 원천적으로 성전이었다고 하는 일부 인류학자의 명제를 강조할 수 있다.

「N. G. 먼로」(Munro)는 「아이누」족에 있어서의 집의 의미를 이같이 전해 주고 있다.

그 밖에 우리들은 인종적으로 친연관계(親緣關係)를 갖고 있는 것으로 알려져 있는 몽고족(蒙古族)이나 만주족(滿洲族)에서도 비슷한 사례를 들어볼 수 있다.

몽고의 천막엔 그 입구에서 보아 침대의 왼쪽에 가족의 성단(聖壇)이 자리잡고 있다. 거기에는 제기(祭器)와 제구(祭具), 향(香)과 물을 담은 접시가 있고 저녁이면 등촉(燈燭)에 불이 켜지게 마련이다. 주로 우리나라의 조왕신〔부엌神〕에 해당할 불의 신이 그 제단에서 섬겨진다.

한편 만주족에서는 조상신과 부엌신이 역시 집안에 모셔진다.

우리의 성주(成主)는 지신이자 풍요와 번영의 신이다. 돈과 쌀이 그에게 관련된 것이 그것을 입증해 주고 있다. 워낙은 농경의 풍요의 신이었다가 경제적인 풍족까지를 떠맡게 된 것이라 생각된다. 무엇보다도 보리나 쌀을 넣어둔 성주단지의 존재가 성주 자신이 지닌 농경생활과의 깊은 유대에 대해 시사하고 있거니와, 매년 10월 농사가 끝났을 때 이 신을 위한 이른바 「성주풀이」, 「성주굿」이 행하여지고 있었던 것도 좋은 방증(傍證)이 될 것이다.

성주가 번영의 신이기에 사주단자(四柱單子)를 주고 받을 때도 단연히 한몫 하게 된다.

성주에게는 상(上)달을 비롯해, 명절, 제사, 생일, 차례 등에 즈음하여 주부가 직접 고사를 드리게 되어 있다.

이처럼 성주가 모셔진다고 해서만 가옥이 성전인 것은 아니다. 가옥 내의 신으로는 그 밖에 조상신, 부엌신, 터주, 삼신 등이 있다.

부엌신은 중국식으로 조왕(竈王)이라 불려지고 있다. 이른바 조왕중발[中鉢]이 그 신격을 표상한다. 부뚜막 한 가녘에 작은 토단(土壇)이 있고 그 위에 크지 않은 중발이 놓이면 그것이 조왕중발이다. 주부는 여기다 정화수(井華水)를 떠놓고 가정의 융성을 비는 것이다.

터주는 이름 그대로 장주(場主), 곧 지신이다. 농가 뒤쪽 울안에 모셔져 있다. 단지에 낟알이나 천을 넣고 주저리를 덮는 것으로 그 신격이 표상된다. 성주가 가옥내신(家屋內神)이라면 터주는 가옥외신(家屋外神)이라 부를 만하다. 주저리는 원추 모양의 볏가리인데, 이것 자체만으로도 논밭의 풍요를 다짐하는 주구(呪具) 노릇을 다하게 되는 것으로 보아 터주도 풍요신임을 헤아릴 수 있을 것이다.

업은 그 신격표상의 형태가 터주와 아주 닮았다. 그러나 원칙적으로 동물령(動物靈)이 신격화되었다는 특색을 지니고 있다. 구렁이업, 족제비업 등의 명칭이 이를 말해 주고 있다.

삼신(三神)은 산신(産神)이다. 아기의 출산과 건강, 산모의 안위(安危)까지도 그의 손에 달려 있는 신이다.

이처럼 성주를 비롯하여 조상신, 부엌신, 터주에다 업 그리고 삼신까지를 계산에 넣는다면 한 가옥은 그대로 만신당(萬神堂) 격이다. 사람의 거주를 보호하는 구조물이 집이라면 제신들에 의해 보호되어서 집은 더욱더 집다워지는 것이다. 그런 점에서 전통적인 한국 가옥은 " 모든 집은 일종의 사원(寺院)이다. 왜냐 하면 거의 모든 종류의 희생이 집안에서 치루어지기 때문이다. 조상신은 지상을 다시 찾아올 때 그 집을 성옥(聖屋)으로 삼고 집 속에는 여섯을 넘는 신들이 살고 있다"고 지적된 동부 인도 의 가옥과 비슷한 면모를 지니고 있다.

집 자체가 만신전(萬神殿)이기에 집안의 주부가 사제자(司祭 者)가 됨은 당연하다. 전통적 한국사회에 있어서의 주부상(主婦 像)에서 이른바 「손빌이」하는 「이미지」를 뺄 수 없다. 목욕재 합장하며 배례(拜禮)하며 혹은 집안의 재앙이 사라지기를, 혹 은 자식이 잘되기를 비는 주부 없는 한국 가정을 상상할 수가 없다.

때로 그 주부는 자식이나 손주 눈에서 삼을 내려주는 주술사 가 되기도 한다. 돌림병을 막는 방도도 그의 힘을 빌려야 한다. 그럴 때면 가족들은 그의 신도(信徒)가 되어 다소곳이 그 앞에 엎디기조차 하는 것이다.

사제(司祭)이자 주술사가 있는 만신전(萬神殿)인 집은 이제 본격적으로 성전(聖殿)이 될 수밖에 없다.

전통적인 한국 가옥 속에서 자라온 사람들은 성전인 공간 속 에서 평생을 보내는 것이다. 성전인 공간 속이라 그들의 행위 는 제의적(祭儀的) 행위일 때가 많다. 시간마저 이른바 세시기 (歲時記)라는 제의적 시간의 흐름 속에서 보내게 된다면, 그들 행위의 제의성은 그만큼 커지게 된다. 세시기적인 제의적 시간

마다 가옥이란 성전 속에서는 그때마다 제의적 행위가 베풀어
지는 것이다.

　대청마루나 사당(祠堂)에서 모시는 차례(茶禮) 때가 그렇고
상달에 성주에게 올리는 고사 때가 또한 그렇다. 새알을 정결
하게 빚어서 넣은 동지팥죽을 끓여 놓고, 그것을 온 집안에 뿌
리며 가안(家安)하기를 빌 때도 예외는 아니다. 세상에 태어난
최초의 몇 세월을 삼신상(三神床) 곁에서 보내는 삶은 그 남상
(濫觴)부터가 성전 속에서 베풀어진 제의적 행위다.

　성전에서 제의적 행위로 이루어지는 삶을 살고 있다면 그 인
생은 이미 신화적이다. 신화를 살고 있는 것이다. 비록 그때마
다 신화가 얘기되지 않고 의식되지 않는다 해도, 생은 신화처
럼 이끌려 나가지고 있는 것이다. 제의는 행위에 의한 신화이
기 때문이다. 『신화와 형이상학』의 저자 「규스돌프」는 " 제의는
신화라는 배경 앞에서 연출되는 무대전면의 현상"이라고 말하
고 있다.

　가옥신전의 테두리 안에서 그 같은 사례를 보자. 가옥 내에
모셔진 신에 조상신이 있음을 앞에서 지적한 바 있다. 조상신
은 안방 시렁 위에 모셔지는 것이지만 그 신격은 조상단지로
표상된다. 그런데 더러는 조상단지가 조상 당세기와 병존할 때
도 있다. 더러는 조상신이 삼신바가지로 표상되는 수도 있다.

　장주근(張籌根) 교수는 이 조상 당세기[箱子]와 삼신바가지
의 기원을 김알지(金閼智)의 탄생의 자리인 궤(櫃)에까지 소급
시키고 있다. 그 소급이 가능한 것이라면 조상 당세기를 모시
고 있는 오늘의 농가 인구는 상자에 담긴 김알지의 탄생을 맞
은 신라인과 다를 바 없는 것이다. 조상 당세기를 모시고 있는
그 사람은 김알지의 신화(神話)를 행위로써 연출하고 있다.

만신전이라서 신화를 담고 있는 가옥은 뜻밖에 신화의 무대인 것이다. 전통적 한국 가옥은 이리하여 신화의 무대가 된다. 아직도 신화가 그 사라지지 않는 노을을 끼치고 있는 집, 집안 구석구석마다 소리나지 않는 신화가 얘기되고 있는 가옥, 그것이 바로 전통적 한국 가옥이다.

그것은 신화 속의 주인공인 유리왕에 있어서 가옥이 의미하였던 바와 같은 의미를 지닌 가옥이다. 유리(瑠璃)는 그가 태자로 책봉될 때 특이한 절차를 밟았다. 자신의 아들다운 신이(神異)를 보이라는 부왕 동명(東明)의 요구를 따라 유리는 나무로 만든 창틀을 타고 하늘로 치솟는다. 치솟을 뿐만 아니라 까마득히 중천에 올라 해에까지 맞닿는다. 이것이 유리가 보인 신이다. 하늘로 내왕하였다는 부왕과 조부의 혈통을 이은 후예다운 신이였다. 살아 있는 자로서 하늘을 내왕하는 것이 무당(巫堂)의 특전이다. 그 밖의 여러 방증으로 동명왕은 무왕적(巫王的)이라는 인상이 짙다. 아버지가 무왕적이라서 유리도 「샤머니즘」 원리가 개재된 행위를 통해 태자가 되었다. 「높이뛰기」 주지(主旨)는 북방 아시아 제사회에서 잘 알려진 입무식(入巫式) 절차의 하나다. 해에까지 맞닿게 뛰어오르는 짓부터가 부왕의 천상내왕(天上來往)의 모방이다.

여기에서 유리가 창틀을 탔다[乘]는 것이 문제된다. 지금 같은 가옥구조로는 창이 수직으로 붙어 있어서 창틀을 탄다는 것은 불가능하다. 탈 수 있기 위해서는 적어도 수평 내지 그에 가깝게 나 있는 창을 예상하여야 한다. 유리가 탄 창틀은 수평(水平) 또는 그에 가까운 형상이었을 가능성이 크다. 창틀이 수평으로 나 있으려면 가옥 구조도 그에 어울리는 것으로 가상(假想)하여야 한다. 그 창은 적어도 수직의 벽에 붙은 창일 수는 없다. 지붕에 붙은 것으로 추측된다. 지붕에 창이 있는 가옥이라면 이른바 수혈식(竪穴式) 주거(住居)를 생각할 수 있다. 땅밑에 있는 주거공간에의 들목인 창, 또는 주거공간에 got빛을 드리기 위한 창이 지표에 있어야 하는 것이다.

유리는 그 창을 타고 하늘에 오른 것으로 가상된다. 그렇다면 유리의 창은 하늘에의 관문(關門)이다. 그래서 하늘에 오르는 주지(主旨)로 표현되는 태자의 책봉식에 등장할 만큼 중대한 의미를 지니고 있는 것이다. 그러한 창은 이미 제의적이고 그 창을 지닌 집도 부분적으로 제의적 공간일 수 있다.

이럴 때 조금 더 추리해 본다면 그것을 타고 하늘에 오르게 되어 있는 창은 하늘의 축소모형(縮小模型)일지도 모른다. 집의 위를 덮고 있는 작은 하늘이 곧 그 창이라면 집 전체는 우주의 작은 모형일 법도 한 것이다. 인간의 거주는 대우주를 줄인 소우주라는 사례가 인류학 쪽에 있는 것을 참조한다면 하늘의 모방인 창을 가진 집은 한층 더 크게 신성공간(神聖空間)일 수 있을 것이다.

전통적 한국 가옥인 것이 전제될 때, 한국인은 제의적 공간, 그리하여 신화적 공간에 살아왔던 것이다. 그 속에 살면서 그들은 아득한 옛적의 신의 모습을 재현하고 있었던 것이다. 신의 모상(模像)인 인간상이 그 속에 깃들여 있었던 것이다. 숨쉬며 사는 신화, 행동하며 움직이고 있는 신화들이 가옥 속에 있었던 것이다.

그러나 오늘날 도시의 현대가옥이라고 해서 전통적 가옥의 영상(影像)을 아주 떨치고 만 것은 아니다. 차례(茶禮)를 모실 때를 생각해 보자. 집 안밖을 소쇄(掃灑)하고 안방이나 응접실 아니면 마루가 깔린 거실 등에 제상(祭床)을 차리고 향을 피우면 이미 그 공간은 성역(聖域)이 된다. 제상 앞에 펴는 정결한 자리도 뺄 수가 없다.

현대적인 생활의 공간에도 이 차례(茶禮) 때만은 만신전(萬神殿)이었던 옛적의 가옥공간이 되살아나는 것이다.

전통적인 한국인들은 육신에 가장 가까운 공간의 하나인 가옥에 살기를, 제의공간(祭儀空間)에 살고 신화무대에 살 듯이 살았던 것이다.

(2) 마을 속의 신화

생활공간을 조금 더 확대해 보았을 때도 마찬가지다. 마을이 그렇다. 마을 어귀에는 돌뭉이가 있거나 장생(長栍)이 서 있거나 아니면 벅수가 버티고 있다. 지방에 따라서는 수살대나 솟대가 우뚝 솟아 있을 때도 있다.

돌뭉이는 때로는 고목과 더불어도 「서낭」이라고도 불려진다. 오고 가는 사람이 돌을 던지며 소원풀이를 하는가 하면 간단하게 고사음식(告祀飮食)을 차리고 치성을 드리기도 한다. 장생은 더러는 사람 키 두세 갑절을 넘을 만한 큰 키의 목우(木偶)다. 나무로 만든 사람 모양의 신이다. 천하대장군(天下大將軍)과 지하여장군(地下女將軍)의 배우(配偶)로 이루어진 것이 보통이다. 벅수는 돌장생이다. 일부 지방에서 바보 같은 사람을 벅수라고 부를 때의 벅수가 바로 이 돌장생이다.

수살대는 웬만한 전신주만한 높이의 장간(長竿)이다. 그 꼭지에 십자형(十字型)의 목가(木架)가 걸려 있고 그 끝에 역시 목각(木刻)의 새들이 앉아 있다. 지방에 따라서는 단일 장석주(長

石柱) 위에 새가 앉은 모양의 것도 있다. 전자와 구별하기 위해 돌수살대라 부를 수 있을 것이다. 솟대는 수살대보다 다양성을 지니고 있으나 일부 지방에서는 수살대를 그렇게 호칭할 때도 있다.

이들은 모두 마을의 관문에 서 있다. 마을을 다른 공간에서 구획짓는 목이다. 말하자면 마을의 대문격이다. 문을 들고 나는 곳이기도 하지만 아울러 들고 나는 것을 막는 곳이기도 하다. 장주(長柱)이며 수살대들은 부정과 재액(災厄)이 근접하는 것을 막고 있는 관문이다. 그 이쪽과 저쪽은 사뭇 의미가 달라진다. 저쪽은 위해(危害)와 불안 그리고 부정(不淨)이 있는 곳이나 이쪽은 그런 것이 없는 곳이다. 신성함과 청정(淸淨)이 보장된 곳이다. 그러기에 일부 지방에서는 마을의 굿[洞祭]이 아예 수살대에 바쳐지는 경우가 있다. 수살대는 이미 마을의 수호신(守護神)이다. 이럴 경우 수살대는 장생(長栍)을 거느리고 있되 그들에 옹위되어 마을 중간쯤에 자리잡고 있게 된다. 수살대 부근은 마을의 제단이 된다.

수살대는 돌문이와 더불어 동북 아시아의 원주민에게서도 그 유사물이 발견된다. 이 민속의 연원(淵源)이나 유래에 대하여 시사하고 있다고 할 것이다.

동북아 지역에서 발견되는 수살대의 유사물을 인류학에서 「우주축(宇宙軸)」 또는 「우주간(宇宙竿)」이라 부르고 있다. 때로는 「무당간(巫堂竿)」이라 불려지기도 한다. 그 대[竿]에는 흔히 일곱 개 또는 아홉 개씩의 금이 그어져 있다. 그것은 우주 구성에 대응하고 있다. 하늘이 일곱 층 혹은 아홉 층으로 되어 있다는 표시다. 대머리의 새는 무당의 영혼을 인도하여 이 여러 층의 하늘을 거쳐 마침내 최고천(最高天)에 다다르게 된다고 믿어지고 있다. 이 같은 대는 으레 세계의 한가운데, 즉 세계의 배꼽 위에 서 있는 것으로 신앙되고 있다. 세계축은 세계의 한 가운데서 솟아 하늘의 맨 위층에까지 다다르는 기둥인 것이다.

세계축의 의의가 이런 것이라면 그것의 유사물인 수살대의 의의도 그에서 유추(類推)될 수 있을 것이다. 그에서 멀다 해도 아주 멀 수는 없다.

수살대로 지켜지는 마을은 그만큼 성역화된다. 그것을 따라 제의가 행하여지는 제의공간이 바로 마을이 된다. 수살대가 중심이 된 성역의 원형이 저 유명한 소도(蘇塗)임은 말할 것도 없다. 죄를 짓고도 그 속에만 들면 신의 품 속이기에 그를 체포하는 것이 불가능했던 정도의 성역이다. 수살대의 원천적인 의의를 우주축에서 유치할 수 있다면, 그것을 에워서 역시 신화가 숨쉬게 된다. 무당이 하늘을 왕래하는 얘기는 「샤머니즘」이 행하여지고 있는 지역에서의 가장 중요한 신화소(神話素)가 되기 때문이다.

마을을 제의공간이게 하는 또 하나의 요소는 「서낭당」이다. 동신사(洞神祠)라 불려지고 있는 지방도 있다.

서낭당은 일정한 유형을 지니고 있다. 나무나 입석(立石)이 단독으로 또는 그 둘이 합쳐서 서낭당을 이룰 때가 있는가 하면 입석이나 위패(位牌)를 모신 조그만 크기의 사우(祠宇)가 서낭당이라 불려질 때도 있다. 사우 서낭당의 경우에도 그 관변(關邊)을 신성림(神聖林)이 에워서 우거지고 있기 쉽다. 일부 지방에서 이 서낭당을 「골맥이」라고 부르고 있는 것으로 보아 서낭당의 성격은 쉽게 유추될 수 있다. 골은 마을을 의미하고 맥이는 「막이」, 곧 수호하고 지키는 일을 뜻한다. 골맥이는 마을 수호신이다. 지역적 특성을 따라 산신이나 해신으로 믿어지고 있는 경우도 있다. 그런가 하면 그 지역출신의 특정 인물을 신격화한 수호신도 존재하고 있다.

형태, 명칭, 지역적 조건, 신격 등에는 비록 다양성이 있다 해도, 그 어느 경우에나 서낭당은 마을 최대의 성역이다. 부정(不淨)을 맑히는 청정(淸淨)의 흙인 황토가 깔아지고 부정의 출입을 막는 금색(禁索)이 둘러쳐지는 성역이다. 그 앞을 말이나 가마를 타고 지나다가 벌을 받았다는 애기가 있는가 하면 그 곁에서 용변을 보다가 재앙을 당한 애기들이 전해지고 있는 것은 그 때문이다.

‘ 종교란 성스러운 것을 관리하는 것’ 을 의미한다는 정의도 있고 보면 마을의 성역은 마을 종교의 핵이고 이 땅의 전통적 종교가 온존(溫存)하는 장소이기도 하다. 종교만이 성스러운 것을 보관하는 것이 아니다. 세속의 세계의 안위는 성(聖)을 어떻게 잘 지켜야 하는가에 걸려 있는 것으로 믿어지고 있다. 성스러운 것은 세속적 세계의 파수꾼이다. 그 감시자요, 보호자다.

감시자로서의 그는 한없이 무섭고 두렵다. 외경을 넘어서 공포의 대상이 되기도 한다. 그는 금지를 명한다. 그 금령은 추상(秋霜)과 같다. 끝없는 신뢰의 대상으로서 그가 지닌 보호성의 품은 이 위험부담이 가져다 주는 보상이다. 이 신뢰와 공포 때문에 성스러운 것은 늘 「카리스마」적 존재다. 성스러운 것은 위험한 보호요, 신뢰로운 공포다.

위험은 세속세계의 파멸을, 신뢰는 그 번영을 의미한다. 세속세계는 그것을 두려워하며 따르고, 따르며 두려워한다. 생의 부정과 추(醜) 그리고 허위 등은 이 위험에의 접촉으로 감각되면서 한결 더 구체적이고 실감 있는 삶의 원리가 된다.

한 마을의 여인이 간부(姦婦)와 사랑을 나눈 것이 하필이면
서낭굿이 있던 밤의 일이라서 처절하게 죽은 애기가 전하여지
는 것은 그 때문이다. 서낭당 앞을 지나친 그 여인을 벼락이
통렬한 일격을 가하고 난 뒤 사람들은 그 여인이 알몸으로 죽
어 있는 것을 발견했다는 것이다. 저고리, 치마, 심지어 버선
속옷까지 벗겨져 여기저기 혹은 나뭇 가지에 혹은 풀잎서리에
널려 있었다는 것이다. 몸으로 부정(不貞)을 저지르고 그래서
신에게 부정(不淨)한 것이라서 그 알몸의 시신(屍身)을 노정(露
呈)케 한 것일까.

부정(不貞)이 부정(不淨)으로 통했을 때 성스러운 것은 윤리
의 감시자이기도 한 것이다. 그것은 생의 가치규범인 것이다. 이
래서 종교는 늘 윤리의 쌍둥이 노릇을 다할 수 있었던 것이다.

그래서 성스러운 것은 세속세계의 중심이다. 성(聖)과 속(俗)
은 분명히 대조적이지만 성(聖)은 늘 속(俗)의 속깊이 그리고
구석구석에까지 스며 있는 것이다. 성은 속의 대립적 포괄자
(包括者)이고 대척적(對蹠的) 중심이다. 혹은 대립적인 중력(重
力)의 중심이라 불러도 좋을 것이다. 세속적인 것은 그와는 대
조적인 성(聖)의 세계에 이끌리면서 그 둘레를 돌고 있는 것이
다. 세속은 성(聖)의 위성(衛星)이다.

마을의 성역인 서낭당은 급기야 마을의 중심이다. 그것이 동
리 어귀에 있든 혹은 동리를 내려다보는 산 언덕에 있든 그것
은 의연히 마을의 중력적(重力的) 중심인 것이다. 마을의 풍요
와 다산(多産), 마을 사람들의 안녕과 번영이 거기 걸려 있는
곳이다. 신이 거기 내리기도 하고 그곳에 깃들기도 하는 것이다.

서낭당의 주체가 나무일 때 신이 나무에 내림은 말할 것도
없다. 신이 내리고 깃드는 나무라는 관념이 있는 셈이다. 이러

한 나무의 관념은 동북아(東北亞)는 물론 이른바 북극대(北極帶)면 흔하게 볼 수 있다. 북구신화 속의 「이그드라실」 목(木)은 그 가운데의 왕자(王者)다. 하늘과 땅과 지하세계를 이어주고 있을 만큼 그 나무는 거수(巨樹)이다.

이 거목의 상(像)으로 말미암아 북구에는 우리의 서낭목 숭앙과 매우 비슷한 풍습이 있게 되었다. 즉 「웁살라」의 한 사원에는 높고 큰 상록수가 솟아 있었고, 사람들은 그 밑 우물가에다 제물을 바쳤다는 것이다. 따라서 북구에서는 이 나무가 마을 사람의 집합소가 되기도 한다. 이에 덧붙여 한 가지 흥미로운 것은 북구 및 독일의 건축양식이 이 거수의 상을 닮았다는 사실이다. 그들은 왕왕히 한 건물의 전 구조를 땅속에 깊이 박은 나무기둥에다 의존시키고 있다. 속리산 법주사의 유명한 팔상전(捌相殿)의 건축양식을 연상시키기에 족한 이 특색이 하늘과 땅과 지하계를 이어주고 또 떠받들고 있는 나무를 닮았음은 뻔하다. 한 건물이 우주를 닮고 있는 것이다. 그런데 이 서구 및 독일의 건축양식은 상고대에 있어 아시아 유목민의 주거양식과 관련을 가졌으리라 짐작되고 있다. 아시아 유목민들의 신화적 우주론에 의하면 하늘은 커다란 천막인데 북두칠성을 못 삼아 하늘에 걸려 있다는 것이다. 못이 박힌 그 구멍으로 신들이 천상과 지상을 내왕하게도 된다는 것이다. 본시 하늘나라에 살던 새들도 이 구멍을 통해 지상으로 날아드는 것이라 믿어지고 하늘의 중추(中樞)이자 배꼽인 북극성에 닿아 있다. 그것은 대지의 여신이 깃들고 아직도 태어나지 않은 아기의 혼들이 그 가지 속에 살고 있는 나무다. 그것은 또한 해와 달이 그 정상에 머무는 나무이기도 하다.

한 「시베리아」 원주민의 그림은 이 나무의 정체(正體)나 의의를 흥미롭게 전해 주고 있다. 그림은 무당이 천상의 신에게 올라가는 과정과 절차를 보여주고 있다.

먼저 무당은 「희생(犧牲)의 천막」 앞에서 불을 피운다. 이른바 성화(聖火). 그리고는 희생의 말이 바쳐지고 나면 무당은 그 껍질을 일곱 혹은 아홉 개의 금이 그어진 성수(聖樹)에다 매단다. 이로써 무당의 여정(旅程)은 시작된다. 그 나무 끝에 그려진 첫 하늘의 관문을 지나 다시 일곱 또는 아홉 단계의 하늘을 거쳐 드디어 최고신 앞에 나아가게 된다.

이 그림 속의 나무는 하늘과 같은 구조를 지니고 있다. 하늘이 일곱 또는 아홉 층인 것처럼 이 나무도 역시 7·9층이다. 무당은 이 나무의 층을 거치고 하늘의 층을 거쳐서 비로소 천상계의 정상에 다다르게 된다.

무당이 그것에 의존해서 하늘에 오르는 것이라면 다시 그것에 의해 지하에 내려올 수 있음은 뻔한 일이다. 나무를 타고 지상에 내려오는 무당이 있을 수 있는 셈이다.

여기서 우리는 단군신화 속의 신수(神樹)가 이러한 우주목이나 세계목의 「이미지」를 지니고 있음직하다고 생각할 수 있다. 단군의 부신(父神)인 환웅(桓雄)은 하늘에서 이 나무 아래 내려와 신시(神市)를 연 것으로 전해지고 있다. 신시가 한 공동체의 성역을 의미함은 말할 나위도 없다. 신이 내리고 신단수(神檀〔壇〕樹)가 서 있는 성역이면 서낭당의 모습 그대로다. 그리고 환웅이 그 아래로 내려왔다는 나무를 그것에 의지해서 그 아래 내려온 나무라고 보충해서 읽는다면 환웅은 세계목을 타고 지상에 내려오는 북방 아시아 「샤머니즘」의 신의 모습 그대로라고 할 것이다.

그 추정이 옳다면 환웅은 서낭당의 서낭나무에 내리는 마을의 수호신 그대로의 모습이다. 그리고 오늘날의 서낭굿은 여전히 환웅에 바치는 굿이다. 이럴 때 마을에는 신화가 아직도 살고 있다. 신화시대는 결코 사라져 간 것이 아니다. 마을의 풍요와 번영의 원리로써 마을의 생활을 기저(基底)에서 지탱하고 있는 것이 서낭굿이라면 신화는 단지 오늘날 살고 있을 뿐만 아니라 오늘날의 뿌리에서 오늘날을 떠받들고 있는 것이다.

(3) 공간의 신화적 의미

우리가 밤낮 몸담고 생활하고 있는 집에 숨쉬고 있는 신화, 우리들 공동의 생활의 자리인 마을에 살아 있는 신화, 그들 신화로 해서 아직도 우리의 집은 성전의 「이미지」를, 그리고 마을은 성역의 모습을 지니고 있다. 우리들의 두 개의 생활공간은 아직도 신화적이다.

신화가 생활의 현장 속에서 입으로 얘기되고 있지 않다고 해서 그것이 영영 사라져 갔다고 생각할 것이 아니다. 우리들 생활행위 속에 우리도 모르게 살아 있다면 그것은 보다 더 심각한 차원에서 신화가 이 땅의 사회 속에 지속되고 있음을 의미한다. 신화란 본시 춤추어지는 것, 연출되는 것이기 때문이다. 제의(祭儀)라는 종교적 행위는 다름 아닌 신화의 행위적 표현인 것이다. 신화는 워낙 공동사회의 생활의 헌법(憲法)으로 구체적 생활규범 몫을 다할 만큼, 바꾸어 말하면 행동으로 구체화될 수 있을 만큼의 기능을 지니고 있는 것이다. 그만큼 신화는 행위적이다. 생활현장 속에서 작용하는 것이 신화다.

성주를 모신 농가이면, 서낭당을 가지고 있는 마을이면, 그

성주와 서낭당에 관련된 종교적 행사 때마다 사람들은 그들의
행동으로 그들의 생활공간을 신화화하고 성화화하고 있는 것
이다.

제2부 민 담(民談)

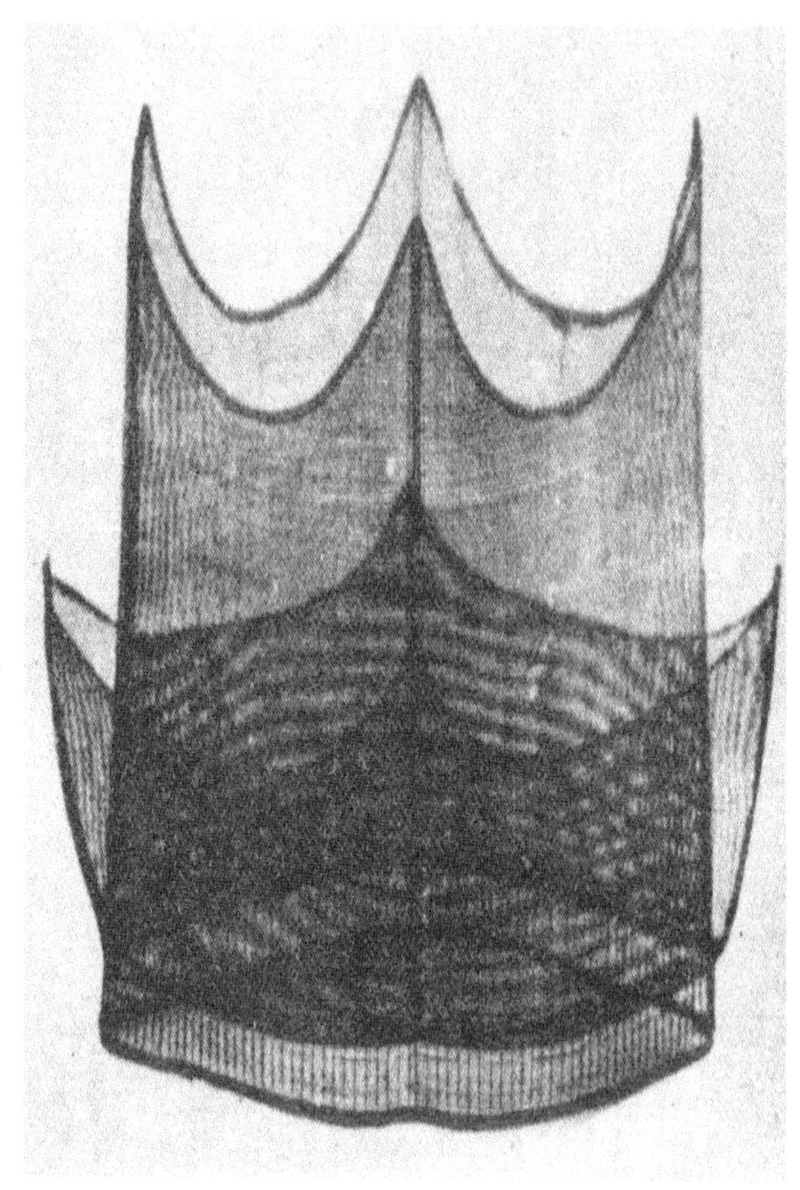

감투

1. 민담 구성과 인생

민담은 이른바 「양식안정(樣式安定)의 법칙」이란 것을 가지고 있다. 민담이 시작되는 양식, 그 경과 그리고 끝마무리되는 양식에 일정한 형태가 있음을 의미하고 있다.

뿐만 아니라, 민담의 한 부분— 가령 어느 한 「모티프」나 등장인물 또는 배경 등이 달라졌을 때 그 달라진 요소에 맞추어 민담 전체가 다시 조정되어 앞뒤가 제대로 짜이게 되는 사실도 이 안정의 법칙에 넣을 만한 것이다. 그러나 이 경우는 특별히 민담의 자기교정 능력이라 불려지고 있다. 민담의 자기합리화의 기제(機制)라고 볼 수도 있을 것이다.

애기꾼 애기의 어느 부분을 잊어버렸다든가 또는 그 부분에 대해 착각을 일으켰다든가 하는 극단적인 경우에 민담은 별 수 없이 변모하게 되어 있으나 이때에도 이 합리화의 기제가 동원되어 전체로서의 민담은 아무 일도 없었던 것처럼 멀쩡한 모습을 되찾게 된다

그래서 민담은 안으로 가진 적잖은 변화에도 불구하고 겉으로는 태연하게 안정된 형태를 지니고 이어가게 된다.

가령 일례를 보자.

『해님과 달님』 애기는 한국 동화의 고전급(古典級) 작품이다. 그것은 해와 달이 생긴 동기에 대해 말하고 있는 천문학적 또는 우주론적인 「설명민담」이다. 동시에 지상의 수숫대가 왜 얼

룩지게 되었는가에 대하여 애기하고 있는 자연사물에 관한 설명민담이기도 하다.

이 동화는 그 줄거리를 두 부분으로 나눌 수 있다. 앞부분은 호랑이와 어머니 사이의 사건이고, 뒷부분은 남매와 호랑이 사이의 사건이다.

뒷부분에서 남매는 하늘의 도움과 그들 스스로의 기지(機智)로 호랑이로부터의 위기에서 벗어나게 되어 있다. 남매가 줄을 타고 하늘을 오르는 애기는 다른 장(章)에서 다룬 바리데기 애기에도 보이고 있듯이 민담에는 아주 흔한 「모티프」다. 혁거세가 지상에 내릴 때도 밧줄이 등장하고 있어 우리에게는 낯익은 민담의 소도구의 하나다.

일부 지방은 이 후반부가 달라지는 애기를 가지고 있다. 『샌님과 호랑이』 애기에서 호랑이가 죽음을 당하는 「모티프」가 후반부에 등장하는 것이다. 『해님과 달님』 애기를 기준으로 해서 볼 때, 후반부가 다른 「모티프」에 의해 대치되어 있는 것이다. 대치된 후반부에는 하늘이 전혀 아무런 역할도 하지 않고 있다. 주인공의 선의에 감동한 사물(지게· 밤· 바늘· 덕석자리 등)들이 이 경우에는 단단히 제 몫을 다하게 된다. 주인공을 호랑이의 위협에서 구해내는 것이 바로 이 사물들이다.

잔칫집에 날일을 갔다가 돌아오는 어머니를 잡아먹은 호랑이가 드디어 어미 잃은 그 애들[남매]마저 잡아먹으려 들었을 때, 미리부터 대기하고 있던 그 물건들에 의해 격퇴당하는 것이다. 추운 겨울밤이라 길을 잃어 잠을 재워 달라는 밤과 바늘· 멍석과 지게들에게 주인공은 알맞게 잠자리를 마련해 준다. 밤은 부엌 아궁이의 재 속에 바늘은 부엌 바닥에, 멍석은 마당에, 지게는 처마 아래에서 잠자리를 얻을 수 있었다.

호랑이가 닥친 것은 이러한 포진(布陣)이 끝나고 난 뒤였다. 잡아먹으려 드는 호랑이에게 음식을 먹기 전에 체하지 않게 물을 마시고 오는 것이 어떠냐고 주인공은 기지를 부린다. 그 말대로 부엌에 나가 물을 먹으려던 호랑이가 그때쯤 알맞게 익어서 폭발한 밤에 눈을 다치고 부엌 바닥을 뒹굴자 바늘이 호랑이를 쑤셔 대었다. 뒹굴면서 마당으로 도망해 나온 호랑이를 멍석이 두루루 말아 붙이자 지게가 그것을 담아 싣고는 강물에 내다 버리고 만다.

이 후반부는 샌님과 호랑이 애기의 동공이곡(同工異曲)이다. 후반부의 도입부, 즉 남매가 어머니를 기다리는 부분이 샌님과 호랑이에서는 길을 가는 선비일 뿐이다. 샌님과 호랑이는 그 자체로 완결된 독립적인 애기다.

후반부에 밤 이하의 여러 사물이 등장하면서 해님과 달님 애기는 재정비된다.

그 자체로 독립될 수 있는 애기를 지니고 있으면서도 전체로서의 애기는 그 구조의 긴밀성을 잃어버리지 않는다. 독립적인 애기는 그 전체로서의 애기에 잘 융화된 상태로 흡수되어 있다. 단독성을 지닌 것이 의연히 유기적 전체의 부분을 이루고 있는 것이다.

따라서 애기가 지닌 흥미의 초점(焦點)도 달라진다.

남매는 하늘을 올라가지 않고 따라서 천문학적 설명민담의 성격은 없어지고 만다. 진작 아버지를 여의고 어머니마저 잃어, 이제 고립무원의 고아가 된 남매를 도와 하잘것없고 필경은 약한 존재인 사물들이 어떻게 일대 역전(逆轉)의 대단원을 마련하는가에 애기의 흥미가 걸려 있게 된다.

고아에게 밤·바늘·멍석·지게가 합해져 보았자 필경 호랑이에 비할 때 오합지졸에 지나지 않는다. 그것들이 힘을 합해도 필경은 폭풍 앞의 등불에 지나지 않는 것이다.

그 오합지졸이 뜻밖에도 강자(强者) 호랑이를 꺾는 역전극에 이 얘기의 서사적 구조의 비밀이 있게 되는 것이다. 한「모티프」가 달라지면서 민담이 지닌 서사적 구조에도 재편이 일어난 것이다.

민담의 안정의 법칙은 특히 민담의 시작과 끝에서 현저하다. 서두와 종말의 정형성을 가지고 있는 셈이다.

민담의 서두는 우선 민담 속의 사건이 있게 된 사건과 장소에 관해 얘기한다. 이른바 배경에 관한 서술이다.

" 옛날도 옛날 아주 옛날…… 어느 산골에……"로 시작되지 않는 민담은 없다. 영국 민담의" once upon a time……", 독일 민담의" Es war einmal……" 등도 한국 민담 서두의 번역이나 다를 바 없다. 이웃 일본의" 무까시 무까시노 오오 무까시…… 아루 도꼬로니……"도 마찬가지다. 국적은 달라져도 이 민담 서두의 정형성은 달라지지 않는다. 민담은 벽두부터 이렇게 범인류적이다.

조금만 눈여겨 보면 짐작이 가듯이 이 정형성은 대단한 부정확성을 지니고 있다. 시간과 장소를 지정하고 있는 듯하면서도 사실 지정된 것은 아무것도 없다. 그저 막연한 아주 옛날이고 걷잡아 꼬집을 수 없는 한 장소다. 부정의 시간과 부정의 장소에서 민담 특히 동화는 시작된다.

" 아주 옛날 호랑이 담배 피던 시절……"이라고 분식을 가한다 해도 제한된 시간이 없는 것은 마찬가지다." 산 넘고 산 너머 또 산 너머, 일곱 개의 산을 너머……"라는 윤색에 있어서도 장소는 여전히 미궁 속이다.

민담— 특히 동화는 이처럼 시간과 장소의 미궁 속에서 시작한다. 미궁으로 시작하는 애기, 오리무중에서 비롯되는 애기, 그것이 동화다.

만일 시간이 천지개벽 이전으로 거슬러 올라가 지정이 되면 애기는 신화의 차원에 접어들기 쉽고 " 옛날 고려조의 아무 왕 때"라고 역사적 시간으로 못박혀지면 애기는 전설이 되기 쉽다. 시간과 장소가 정해지면 순간 다른 「장르」의 민담으로 바뀌어져 버린다. 동화는 그 존재의 근거를 시간과 장소의 불확실성에 걸고 있는 것이다.

물론 이 불확실성을 동화는 어느 때 어느 곳에나 있을 수 있는 애기라는 사실에서 구할 수 있을 것이다. 민담의 시간과 공간을 초월한 보편성이 그처럼 시간과 공간을 부정확한 것으로 삼았다는 설명도 매우 합리적이다. 설득력도 있다.

그러나 시간·공간의 불확실성을 한편의 민담[동화]이 전체로 지니고 있는 여타의 불확실과 연관시켜 보았을 때 우리들은 그 이상의 해답을 준비할 수 있게 된다.

동화 주인공의 신분·지위·용모 그 밖의 인간적 상황이 지닌 불확실성 내지 불안이 우선 눈에 뜨인다.

아버지 없는 과부의 아들, 버려진 자식, 주워온 아이, 바보, 불구자, 옹색이(못난 사람), 맨 끝 막내 등이라야 동화의 주동인물이 될 수 있다. 신화에서처럼 신성과 영광에 싸여 태어나지 않는다. 전설에서는 가능한 지체 높은 선비나 무장(武將)일 수도 없다. 어쩌다가 왕자나 공주 또는 부잣집 아들딸일 때라도 미움 받는 막내요, 박해당하는 막내다. 신분이 모처럼 안정되어 보일 때라도 다시 뒤집어 그를 못살게 구는 것이 민담의 서두다. 신분·지체 등이 불안정한 것이 이들의 인간적 특색이다.

여기 더하여 이들은 특정한 인물로서의 개체성을 지니고 있지 않다. 막연한, 그래서 누구라도 상관없는 그런 인물이다. 본질적으로 무명의 주인공이다. 막연하게 농부, 딸, 아들, 손주 등으로 표현되는 것이 원칙이다. "가난한 집에 한 아들이 있었단다"와 같은 상투적 표현이 고작이다. 더러는 이름을 지니고 있을 때라도 막둥이, 돌쇠, 예쁜이 등 고유명사성이 다분히 퇴화된 그런 이름일 뿐이다. 고유명사가 강한 발언권을 지닌 민담은 동요 아닌 전설이 되고 만다.

동화의 주인공은 신분이나 지체가 불안한 아무가 되어도 좋은 개체성 없는 불특정의 인물이다. 따라서 동화에서는 불특정의 시간과 장소에 불확실한 신분·지체를 가진 불특정의 인물이 주동인물이 되는 것이다.

이렇게 등장하는 주동인물에게 과제가 주어진다. 이 근처에서 애기는 흥미로워지기 시작한다. 병든 사람을 위한 생명수, 잃어버린 공주, 마술의 새 등을 찾거나 구해오는 과업이다. 애기는 주동인물이 이 난제를 어떻게 해결해 나가느냐에 따라 진행되어 나가게 되어 있다. 그것은 수수께끼 풀이의 확대나 마찬가지다. 동화는 애기로 꾸며지는 수수께끼란 성질을 지니고 있다. 때로는 애기로 꾸며지는 숨바꼭질이라는 성격도 지니게 된다. 이것이 서사문학으로서 동화가 지니고 있는 중요한 특징이다. 서사적 진행은 이 수수께끼 풀이에 의존해 있다. 수수께끼를 짧은 형식으로 한 긴 형식의 애기—그것이 동화다. 이것은 비단 동화에 있어서만 그런 것은 아니다. 신화·전설 등의 민담이 지닌 서사구조의 특색이다. 따라서 민담 읽기는 탐정소설 읽기와 유사한 재미를 유발한다.

민담의 서사구조의 특색을 결정지울 만큼 중요한 의미를 지닌 과제마저 불투명하다. 그저 무엇이라고 그 대상이 지적되어 있을 뿐, 어디에 있으며 또 어떻게 가야 하며 등에 대한 정보가 없다. 서사적 인지부를 미리 준비하는 복선도 전혀 없다. 더러 장소가 지적될 때에라도 무한대의 저 바깥이나 마찬가지의 그런 장소인 데다 그곳에 갈 방도가 알려지지 않기에 모처럼 지시된 장소도 빛을 잃고 만다.

주인공에게 과제가 주어질 뿐 전적으로 단서가 없다. 따라서 그 다음부터 있게 될 주인공의 탐색(探索)· 수탐(搜探)의 행동은 피치 못하게 미궁 속이 되고 만다. 주동인물은 이제 미궁을 가듯 그 과제를 향해 나아가는 것이다. 오리무중의 탐색이 시작되는 것이다. 주인공은 무턱대고 떠난다. 우선 떠나고 보는 식으로밖엔 달리 어떻게도 할 수 없는 시작을 하게 된다. 수수께끼는 풀어질 단서도 없이 점점 어려워진다. 숨바꼭질도 덩달아 어려워진다.

이 탐색 행위의 절박성은 민담 서두의 절박성을 더한층 고조하게 된다. 민담의 시작은 무엇인가의 결실(缺失)· 부족· 위기· 곤경 등으로 시작된다. 민담은 그런 것으로 말미암은 절박성으로 벽두부터 긴장을 야기한다. 이 결실과 곤경의 해결을 위해 시작되는 주동인물의 탐색의 길이 또 오리무중이라는 절박감을 가지고 있는 것이다. 이때 동화의 주인공은 아무런 단서도 남겨져 있지 않은 범죄현장에 선 탐정과 마찬가지 처지에 있게 된다. 그러나 탐정은 하다못해 능력을 가진 인물이다. 동화의 인물은 단서를 못잡은 탐정보다 더 비참하다.

오리무중, 암중모색이나 진배 없는 그 탐색이나마 언제나 긴장으로 연속된다. 투쟁이나 문제와 과제의 해결, 음모와 구원,

상해(傷害)와 치유, 죽음, 사로잡힘, 폭행 등과 재생, 자유, 구조 등 — 이러한 다양한 대립과 갈등이 그 탐색의 행적을 엮어 나간다. 극단과 극단 사이를 시계추처럼 오락가락하는 것이다. 구혼(求婚)과 성혼(成婚)도 뺄 수 없는 민담의 대립이다.

이들은 모두 사건의 계기 사이의 대립·갈등이지만 여기에 다시 인물의 갈등이 덧붙여진다.

동화의 인물은 주동인물과 과제를 부여하는 인물, 주동인물의 구조자, 적대인물 내지 대척적 인물(실패하는 형제·누이·동료, 질투하는 사람, 찬탈(篡奪)자, 그 밖에 가짜 주동인물 등) 그리고 주동인물에 의해 구조받는 사람 등으로 이루어져 있다. 반동 인물·동물에 의해 시달리는 동시에 가짜 주인공이나 대척적 인물에 의해서도 곤경에 빠지게 된다. 한 동화가 두 개의 「에피소드」를 지니고 있을 때 두 번째 「에피소드」에서의 위기는 으레이 대척적 인물에 의해 유발된다. 그들은 주인공이 모처럼 해결한 과제, 얻어낸 물건 등을 가로채고 주인공을 죽음이나 곤경에 몰아넣게 된다.

부정(不定)의 시간과 장소에 속한 신원이 불안정한 주동인물이 오리무중 속의 과제를 향해 사건의 계기와 인물의 갈등·대립이 일으키는 난관을 헤치고 나가면서 동화는 앞으로 나아간다.

그러나 종국적인 과제가 해결되어 한 동화가 전체로서 가지게 될 「투쟁/승리」, 「과제/해결」이라는 동화 줄거리의 도식 속에는 축쇄판격인 「투쟁/승리」, 「과제/해결」이 잇달아 나타난다. 그것은 꼭 스무고개류의 연쇄수수께끼를 연상시키기에 족하다. 종국적 곤경의 상황 속에 다시 작은 곤경의 상황이 존재하는 셈이다. 이럴 때 연쇄수수께끼 풀이가 동화가 지닌 사건진술의 구조라는 것이 드러난다. 「과제에서 해결」, 「결실에서 발견」까지의 과정을 민속학에서는 동화의 「움직임(move)」이라고 부른다. 동화에는 대단위의 움직임 속에 작은 단위의 「움직임」이 들어 있는 것이라면 그 움직임이 모두 「수수께끼풀이」 「숨바꼭질」 놀음의 움직임인 셈이다. 「V. 프롭」의 말처럼 동화가 「움직임」이라면 동화는 수수께끼요, 숨바꼭질이다.

동화의 서사적 구조가 수수께끼를 닮았다는 명제는 『물레방앗간집 딸과 난쟁이』(Rumpelstilzchen) 동화(KHM Nr. 55)를 연상케 한다.

왕의 명령으로 그 아버지의 허풍이 사실임을 증명하기 위해 물레방앗간집 딸은 짚으로 금을 엮어내게 되었다.

그 딸은 그저 울 뿐 어찌할 바를 몰랐다. 그럴 때 마침 한 난쟁이가 나타나서 소녀의 목댕기를 주면 대신 짚으로 금을 엮어 주겠노라고 하였다. 이튿날은 소녀는 끼고 있던 반지를 내주고 난쟁이에게 일을 시킬 수가 있었다. 그러나 사흘째 더 이상 줄 만한 물건을 못 가진 소녀는 엉뚱한 약속을 하고 말았다. 장차 소녀가 낳게 될 첫 아기를 주겠노라고 한 것이다.

뒷날 소녀는 왕비가 되었다. 그리고 한 예쁜 아기를 낳았다.

난쟁이가 나타나 약속대로 그 애기를 내 놓으라고 한 것은 말할 것도 없다. 왕비는 가까스로 사흘의 말미를 얻었다. 그동안 그 난쟁이의 이름을 알아맞히면 난쟁이는 아기를 포기하기로 하고…….

첫날과 이튿날은 잘못된 이름을 댈 수 있었을 뿐이다. 사흘째 되는 날에는 미리 사람을 시켜서 알아낸 난쟁이의 본명을 알아맞힐 수 있었다. 그 이름이 다름 아닌 바로 「Rumpelstilz-chen」이었다. 본명이 왕비의 입에서 떨어지는 순간 아기를 가

지러 왔던 난쟁이는 몸이 산산조각이 나고 말았다.

이 애기에서 여주인공은 그녀가 두 번째로 맞은 난제 앞에서 완전히 당혹하고 만 것이다. 정체 불명의 한 존재가 지닌 이름을 알아맞히는 것. 그것은 바로 수수께끼와 다를 바 없다.

난쟁이의 이름에서 「Rumpel」이란 덜거덕거린다는 의미의 동사인 「rumpeln」과 관계가 있다. 난쟁이는 덜거덕거린다는 소란의 요정이다. Bolte-Polivka가 채집한 이 애기의 다른 변이(變異)들에서는 여러 가지 형태의 요정·마귀·괴물들로 이 난쟁이가 대치되는 것을 볼 수 있다.

이러한 요정·마귀들은 그 이름이 알려지기까지, 그 정체가 드러나기까지는 아주 위험한 존재다. 숨겨진 마귀는 커다란 위협이다. 인간이 그 이름을 알게 되고 그럼으로써 그 정체가 인간에게 드러나면 그 위협과 위험은 끝장이 나고 만다.

그만큼 「이름」은 신비한 힘을 지니고 있다고 믿어진 것이다. 「레비 부률」의 설명에 의하면 원시인들은 이름을 구체성과 신성함을 지닌 동시에, 그 이름의 소유자의 인격을 간직하고 있다고 생각하였다. 뿐만 아니라 주술적인 힘의 도체(導體)라고도 간주한 것이다. 마귀나 신비한 객체의 본색에 관한 물음은 그래서 이름의 인지(認知)로 나타나야 하는 것이다.

Hedwig von Beit는 마귀나 신비한 존재의 본질에 관한 물음과 그 이름을 알게 되는 일은 물음의 경기, 즉 수수께끼 놀이의 원초형태일 것이라고 추정하고 있다. 또한 많은 동화의 주인공이 편력하게 되는 길목마다에서 미리 그를 기다리고 있는 물음도 「물음의 제전(祭典)」에 속한다고 보고 있다.

숨겨진 것, 감추어진 것에 대해 추리해 보고 그리고 알아내는 일이나 과제로서의 물음, 아니면 신성한 것 또는 마술적인 것에 대해 금지된 직접적 접촉 등은 신화적 사고방식을 되돌아 보면서, 아울러 마침내는 수수께끼라는 형태에 이르게 될 앎을 향한 노력으로 내다보고 있는 것이다.

『물레방앗간집 딸과 난쟁이』 애기는 과제 자체가 감추어진 것에 대한 추리다. 힘을 지니고 위협하는 물음을 제기하는 자와 무력한 위치에 있으면서 응답해야 하는 자 사이의 싸움이 애기의 난관이다. 정답이 나오자 물음을 제기한 자는 아주 무력하게 되고 만다. 물음의 쪽에 있던 자와 해답 쪽에 있던 자가 지니고 있던 힘의 관계가 아주 역전하고 만다. 그것이 애기의 대단원이다. 물음과 해답으로 이 애기는 꾸며져 나간다. 애기의 진행 자체가 이미 수수께끼 놀이다.

수수께끼 풀이가 동화에서 다하고 있는 몫을 조금 더 살펴보자.

아일란드(愛蘭)의 동화에 『왕자와 사랑의 노래를 지닌 새』가 있다. 공주를 아내로 갖고자 하는 주인공인 왕자에게 공주의 아버지인 지하국의 왕은 " 내가 연 사흘 아침마다 몸을 숨기마. 그러면 너는 다음 사흘 아침을 두고 네 몸을 숨겨라. 내가 너를 찾지 못하는 데, 네가 만일 나를 찾는다면 너는 내 딸을 차지할 것이지만, 행여나 네가 나를 찾지 못하는데 내가 너를 찾는다면 너는 네 목을 잃게 될 것이다"라고 무서운 제안을 한다.

나무에 걸린 사과 속에, 숭어의 집 속에 또는 공주의 손가락에 끼여 있는 반지의 보석 속에 몸을 숨긴 왕을 왕자는 애기하는 말[馬]의 힘을 빌려 찾아낼 수 있었다. 그러나 말의 꼬리털 뿌리 밑에, 말의 어금니 뿌리에, 그리고 끝으로 말굽 제철(蹄鐵)에 박힌 못 밑에 숨은 왕자는 들키지 않고 무사할 수 있었다.

숨기와 찾기 — 숨바꼭질, 그것도 마술적인 숨바꼭질도 수수께끼와 마찬가지로 상대방의 정체를 밝히는 「모티프」의 하나다. 아이들의 「풍게 놀이」에서 수수께끼와 숨바꼭질이 겹쳐져 있는 것은 이 때문이다.

동화의 대단원은 결혼으로 마무리지어지는 경우가 많거니와 이에서 본 왕자 얘기에서는 그 대단원이 숨기와 찾기의 「모티프」로 이루어진 것이다. 그만큼 숨기와 찾기의 「모티프」가 동화 속에서 갖는 비중이 커지는 것이다.

이쯤되면 동화는 「스티드 톰슨」의 말처럼 애기꾼이 마련한 미로(迷路)를 호기심에 가슴 설레며 뒤쫓아가는 놀이에 견주어질 수 있을 것이다.

애기 전체를 덮고 있는 큰 수수께끼 속에 다시 작은 수수께끼가 있다는 점에서 또는 전체적 곤경 속에 속한 작은 곤경이 있다는 점에서 본다면 같은 자격의 수수께끼와 단위곤경이 병치(竝置)되는 구조, 같은 자격의 단위곤경과 수수께끼가 반복되는 구조, 그것이 동화의 구조다. 수수께끼나 곤경의 병치 또는 반복에 의한 구조라고 이름 불러도 좋을 것이다.

수수께끼 풀이, 숨바꼭질을 닮은 난관이 반복되어 민담이 진행되어 나갈 때 그 반복되는 하나하나의 단위는 그 자체로서 독립성을 가진다. 그 자체로 따로 떨어져 나가 다른 한편의 애기에 옮겨 붙을 수가 있는가 하면 아주 딴 나라의 민담 속으로 이식되는 수도 있다.

단위적 부분은 그러나 동시에 민담 전편에 눈에 보이지 않게 융합되어 있다. 눈에 띄는 고립성과 눈에 띄지 않는 융합성의 병존이 민담 문체의 비밀이다.

민담에서는 순수하게 그 행동 자체만의 골격이 애기된다. 행동의 자세한 묘사가 없다. 행동의 연계가 있을 뿐이지 행동의 공간에 대해서는 언급됨이 없다. 행동의 넓이와 깊이가 없다. 이것을 동화의 「순수한 서사성」이라 부른다.

그래서 동화에서는 「에피소드」 하나하나가 모두 껍질을 쓰고 있다. 폐쇄되어 있다는 뜻이다. 따라서 주인공은 「에피소드」가 달라질 때 주어진 상황이 그 앞의 어느 상황과 같다는 데에 별로 착안하지 않는다. 그저 언제나 고립된 상황 속에서 모든 것을 새로이 시작하게 된다. 그래서 그에게는 늘 비슷한 과제가 주어져도 그것은 언제나 새로운 과제인 것이다. 그래서 그는 반복되는 새로운 난제, 수수께끼, 숨바꼭질을 가지게 되는 것이다.

종국적 곤경 아닌 단위곤경은 주인공을 느닷없이 엄습한다. 불의의 천재지변처럼 하루 아침에 갑작스레 주인공은 곤경 속에 있음을 알게 된다. 새로운 난제 앞에 있음을 알게 된다.' 길을, 길을 가다가……' 부딪치는 곤경이고' 한 모롱이 돌고 또 한 모롱이 돌아……' 맞닥뜨리게 되는 곤경이다. 이 곤경을 이길 때 결정적 구실을 다하는 것의 하나에 주구(呪具)가 있다. 「동화의 소도구」라고 부르기도 한다. 주구 아닌 주술적 동물일 때도 있다. 그런가 하면 주언이나 경문일 때도 있다. 길을 안내하는 새, 악마의 힘을 빼앗아 버리는 사슴껍질, 던지면 큰 강물이 흐르게 되는 푸른 유리알, 던지면 삽시간에 큰 불바다를 이루는 붉은 유리알, 잘려진 악마의 목이 다시는 못 붙게 하는 잣가루, 마술의 옷 등이 그러한 동화의 소도구들이다. 민담에서의 소도구들이다. 민담에서의 소도구는 소설에서의 이른바 「극적 상징」이다. 「플롯」의 진행에서 복선이나 인지부 또는 정점에서 중요한 몫을 다하는 소설적인 소도구다.

이 소도구는 대개 구원자에 의해 주어진다. 그것이 신일 때가 있고 아니면 동물일 때도 있다. 그러나 누가 주든지 간에 소도구는 주인공의 인간성 — 그 선량한 인간성에 대한 보상으로써 또는 선행에 대한 보답으로써 주어진다. 효성에 감동한 신, 또는 주인공에 의해 그 생명이 구조된 동물들이 그 소도구를 주는 것이다.

소도구가 난관을 이기는 열쇠 노릇을 하되 그것이 주인공의 선의, 선량한 인간성에 주어진 것이라면 필경 난관의 열쇠도 인간의 선의 그 자체에 있는 셈이 된다.

실제로 지체나 신원이 불확실한 주인공이 지닌 것은 오직 인간미덕뿐일 때가 많다.“ 옛날 어느 곳에 마음씨 착한 농부가 살았더란다”로 시작되는 민담의 서두는 그간의 사정을 말해 주고 있다. 고립무원의 경지에서 가령 우연히 신이 나타나 주인공을 구하여 주었다 해도 그것은 주인공의 인간성 그 자체가 불러 온 것으로 표현되어 있다. 실제로 동화 속에서 홀연히 나타난 신이나 신령은“ 너 효성이 지극하기에……”를 말머리로 해서 주인공에게 구원을 베푸는 것이다.「동화는 우연을 모른다」라는 명제가 있거니와 주인공의 인간성이 관계되어 그 명제는 거듭 시인되어도 좋다.

동화가 선과 악, 미와 추, 진실과 허위 등 이른바「대립의 법칙」을 지니고 있는 것은 주인공의 선의를 부각시키는 데 도움을 주고 있다.

이런 데서 동화 주인공은 어떤 관념의 화신으로서 중요한 의미를 갖는다. 관념의 화신으로서 그는 매우 직선적이다. 선의의 화신이면 그것으로 족하였지, 인간으로서 지니고 있을 다양성, 구체적 면모는 간과되고 만다. 민담 주인공의 성격은 언제나 유형적이다. 소설과 같은 차원의 성격론은 있을 수 없다. 민담 주인공의 비인격성이라고 흔히 부른다. 행동이나 「에피소드」의 고립성처럼 인물의 고립성이라고도 부른다.

난제에 난제가 거듭되고 소도구의 도움을 받는 동안 주인공은 드디어 목적지에 도달한다. 미정의 최후의 목적지에 도달하는 것이다. 그 목적지는 대개 마술적인 나라, 신비의 땅이다. 바다 속, 땅 밑, 깊은 산 속, 괴물만이 사는 땅 등이다. 때로 하늘 위일 때도 있다. 큰 강 저 건너, 깊고 좁은 골짜기의 저쪽, 좁디좁은 구멍의 저 밑 등으로 표현될 때도 있다.

독자들은 여기서 투쟁에 대한 승리, 난제에 대한 해결, 탐색에 대한 발견, 구혼에 대한 성혼 등의 도식으로 애기가 마무리되는 것을 보게 될 것이다. 동화 특유의 행복한 대단원이다. 우리들은 남자 주인공이 공로에 어울리는 명성이나 자리를 얻고, 아름다운 공주나 소녀를 아내로 맞는 대단원만 가지고도 그 애기가 동화임을 십분 눈치챌 수 있다.

애기가 시작할 때 가장 미약했던 존재는 가장 강한 자가 되고, 가장 추했던 자는 가장 아름다워지고, 가장 빈천했던 자는 가장 큰 명예와 권능을 누리게 되는 대역전의 대단원은 동화의 특색이다. 동화적 역전의 대단원이라고 부를 만하다. 동화는 언제나 시적(詩的) 정의로 그 종결이 장식된다. 어둡고 스산한 구름 낀 날에 비롯된 주인공의 기나긴 여정은 찬연히 노을 낀 맑은 오후에 끝을 맺는다. 그리고 그 노을은 언제나 안식의 예감으로 가득 차 있다. 동화의 주인공은 불안과 파탄에서 안정과 정착에로 나아가는 삶을 살고 있다.

" 그래서 그들은 잘 먹고 잘 살았다"라는 표현이 무엇보다도 그 대단원에 잘 어울리는 것이다. 이 행복의 대단원이" 잔치는 온 아홉 낮, 아홉 밤을 흥청망청 베풀어졌단다. 구백 명의 나팔쟁이, 구백 명의 장구쟁이가 모인 그 잔치는 마지막 밤이 첫날 밤보다 더 흥청거렸단다" 하는 식으로 과정이 되어도 마냥 흥 겹기만 한 것이다.

때로는 애기꾼이 직접 그 잔치에 갔었던 것처럼 꾸며지기도 한다. 그것은 마치 긴 여운(餘韻)을 지닌 행복한 영화(榮華)의 마지막 장면처럼 애기들은 모든 사람을 감싸게 되는 것이다.

" 옛날도 옛날, 아주 옛날, 호랑이 담배 피던 시절에……"로 시작된 동화는 마침내" 그래서 그들은 행복하게 살았더란다"로 마무리짓게 된다. 이로서 민담 서두와 종결부의 안정의 법칙도 십분 실천되게 된다.

악행(惡行)이나 결실(缺失)로 시작되어 주인공의 탐색의 길, 모험의 예정을 거쳐 보상(報償), 구득(求得), 불행의 청산, 쫓김 에서의 벗어남으로 애기는 끝을 보게 되면서, 동화는 전체적으 로 잘 짜여진 그 안정된 형식을 보여 주게 된다. 이 과정이 동 화의「움직임」이란 애기는 이미 하였다. 우리말로는 차라리 놀 이의 한「판」또는 탈춤의 한「마당」이라고 바꿔 부를 수 있을 것이다. 동화는 움직임 그 자체이고 움직임으로 안정성을 구축 하고 있다.

물론 이 같은 동화의 안정성은 동화 형식의 경직성(硬直性) 이라고 바꾸어 불려질 수도 있다. 정형시라는 개념이 있듯이 「정형적 서사」라고 부를 만한 속성을 동화가 지니고 있는 것 은 사실이다. 사물의 수식적 표현, 비슷한 상황 속의 인간 행동 의 묘사 등 문체의 세부적 국면에 걸쳐서 완전히 정형화된 관 습적 유형을 따르고 있는 것도 사실이다.

정형적 서사와 표현의 정형성이 어울려질 때, 동화가 굳어지 는 것은 사실이다.

그러나 동화의 이 같은 안정성은 동화가 얘기되고 들어지고 하는 현장 속에서만이 경직성이란 말이 함축할 만한 역기능을 지니고 있는 것은 결코 아니다. 그것은 도리어 동화의 정착성 (stability)을 살려 입에서 입으로 유전되는 동화의 전승 과정에서 생길 동화의 불안한 방랑을 막아 주고 있는 것이다. 만일 경직성으로 보일 만도 한 그 안정성마저 없었더라면 동화는 전승될 수가 없었을 것이다. 따라서 이 안정성은 동화가 유기적인 생명을 지니고 살아 있게 될 기반인 것이다.

따라서 이 동화(및 민담)의 안정성과 이른바 한국 중세기 소설들(이조소설로 통칭되고 있는)의 정형성 내지 유형성과를 하나의 눈으로 볼 수 없는 것이다. 기술(記述) 문학에서는 정형성은 경직성으로 불려져도 무방할 것이다. 그러나 구술(口述) 문학에서는 그럴 수 없는 것이다.

뿐만 아니라 동화의 정형성은 결코 즉흥(即興)성을 배제하지 않는다. 「정형/즉흥」도 동화가 지닌 「대립의 법칙」의 하나다.“ 구술적(口述的) 서사문학(叙事文學)은 구술로 얘기될 수 있다. 그러나 구술로 얘기될 수 있기는 다른 시작품도 마찬가지다. 이보다 더 중요한 것은 구술로 얘기하는 것이 아니다. 오히려 구술로 얘기되는 동안의 구성(構成)하는 행위다.”

이 같은 「알버트 B. 로드」의 말은 그러한 대립의 법칙에 대한 구체적 언급이다.

즉흥(improvisation)성이란 얘기꾼이 얘기의 현장에서 실현하는 개인적인 창작행위를 의미하고 있다. 얘기꾼은 동화의 정형성에 기대면서도 즉흥성을 발휘하며 그때마다 얘기를 재구할 수 있는 것이다. 얘기꾼이 얘기하는 행위는 이미 있는 얘기를 반복하는 녹음행위가 아니다. 얘기꾼의 얘기는 창작인 것이다.

이런 의미에서 한 근원형태를 가정하고 실제의 동화 하나하나를 그 변이(變異)로만 본 나머지 동화의 전승과정을 단순히「패러디」나 의작(擬作)의 연속으로 보는 것은 너무 편파적이다.

애기꾼에게서 구술되는 애기를 듣고 있는 현장의 사람들은, 동화가 지닌 정형성에 의해 애기의 향방을 내다보며 예기(豫期)함으로써 애기꾼의 애기를 뒤따라 간다. 그 정형성에 반복이 가세(加勢)하고 있는 것을 생각하면 애기하고 들어지고 있는 현장에 있어서의 동화는「리듬」을 지니고 있음을 알게 된다. 시가(詩歌) 작품에서「리듬」은 변화와 더불은 규칙적 반복으로 시의 독자에게 예기의 긴장과 예기의 충족에서 오는 안정감을 안겨준다. 이것은 시가의「리듬」이 지닌 심리적 미감(美感)이다. 이에서 유추한 동화의「리듬」을 동화가 지닌‘ 서사적「리듬」’이라 부를 수도 있을 것이다. 반복과 더불은 동화의 안정성은 그만큼 가치 있고 뜻 있는 동화의 속성이다.

그런데 이 안정성 속에 깃든 동화의 불확실성, 그 불안, 그 안개 속 같은 미지(未知)는 무엇을 말하는 것일까.

동화는 모든 서사적 문학 가운데서 가장 순수한 서사라고 불려진다. 설명이 없고, 보이지 않게 사건을 꾸려가는 검은 손이 없다. 사건· 행동이 직선적으로 그려진다. 왕자가 공주를 사랑하게 되었으면 그 사랑의 행동이 있을 뿐이지 그 미묘한 사랑의 감정이 지닌 기복이 그려지는 법이 없다. 동화는 그만큼 단순 명료하다. 동화의 직선적 성격, 동화의 단순성 등으로 불려지는 성질이다. 그런데 그 단순성으로도 불확실성, 구름 속 같은 어둠, 부정(不定)의 인물, 동기, 목적지(물) 등을 지니고 있음은 무엇을 뜻하는 것일까.

앞서 말한 바와 같이 동화가 곧「움직임」이라면 동화가 지닌 불확실성이나 어둠도 이 움직임의 어둠을 두고 그 문제점이 크게 부각되어야 할 것이다. 신분이나 지위 혹은 이름의 불확정성은 이 움직임이 지닌 어둠에 묻히고 말 그런 어둠이다. 그것은 어쩌면 애기의 종말이 지닌 빛과 대조적이라는 점만 지적되면 그 기능은 이미 포착된 것이나 다를 바 없다. 신분이나 지위 또는 이름의 불확정성은 애기의 시작이 지닌 어둠이기에 애기의 종말이 지닌 빛에 현저하게 대응하고 있는 것이다.

움직임의 어둠이란 다름 아닌 수탐의 목적물이 지닌 불확실성이고 그에 접근하는 방법, 그것이 있는 시공(時空) 등이 오리무중인 것을 의미하고 있다. 필경은 수수께끼 풀이요, 숨바꼭질이요, 미궁을 가는 놀이 같은 주인공의 수탐의 여정을 뜻하고 있다. 그것도 세속적 시공, 현실적 시공을 넘은 저쪽에 있는 마술적 세계가 지니고 있는 어둠이다. 워낙 마술적인 것 또는 신적인 것은 이른바 터부의 대상이다. 그것을 알고, 그에 가까이 가는 것이 금지되어 있는 것이다. 그것을 알 수 있는 사람, 그에 가까이 갈 특권을 누리고 있는 사람은 따로 있다. 혹은 사제자, 혹은 신관(神官), 혹은 무당이 그러한 사람들이다. 동화의 목적물과 목적지는 이런 특수한 사람이 아니고는 못갈 안개 저너머, 일곱 개의 나라를 넘어 다시 그 너머에 있게 마련이다.

그래서 동화의 주인공은 처음부터 사제자나 무당의 모습을 지니고 있다. 동화의 주인공은 죽은 「엔키두」와 영원한 생명을 찾아 거듭되는 모험을 거쳐 죽음의 나라에까지 다다른 「길가메슈」의 정통을 이은 후예들이다. 그는 또 「이슈탈」 신이니 「올퓨스」의 후손이기도 하다. 「헤라클레스」가 「길가메슈」의 후예라면 그도 동화의 주인공들에게는 중흥조 쯤에나 해당될 것이다. 한국의 민간전승으로 하면 이른바 서사무가(叙事巫歌)의 여

주인공인 「바리」 공주도 동화적 주인공의 먼 할머니격이다.

이 근자에 일부 인류학자들 사이에서 「길가메슈」-「이슈탈」-「올퓨스」를 잇는 선에서 「샤머니즘」적 원리를 찾고자 하고 있는 노력이 정당화될 수 있는 것이라면 동화적 주인공의 원조(元朝)는 아무래도 무당 낌새를 짙게 지니고 있게 된다. 그러나 이 얘기는 역시 잠정적 가설(假說) 정도로 치부(置簿)해 두는 것이 좋을 것이다.

가령 「길가메슈」가 거쳐가는 수탐의 여정에는 대지를 둘러싸고 치솟은 산— 무서운 전갈(全蠍) 모양의 사람이 살고 있는 산과 나무에 보석이 주렁주렁 열린 신의 정원, 큰 강물, 바다 속, 그리고 지하의 죽음의 세계 등이 그 앞을 가로막는다. 그 여정에서 악마와 싸우고 신의 간계, 여인의 유혹 등에도 빠지게 된다. 그때마다 그는 구원자를 얻어 난관을 벗어나게 된다. — 이만한 줄거리면 필경 동화의 주인공이 겪어 나가는 수탐의 여정과 별로 다를 바 없음을 알게 될 것이다. 그러나 불행히도「길가메슈」 애기는 파국으로 끝난다. 그는 행복한 결혼을 하는 동화의 주인공과는 이 점에서 달라진다. 이 차이를 고려에 넣는다 해도 동화의 주인공과 인류 최고(最古)의 신화적 인물이 지닌 그「민간 영웅(folk hero)」적 공통성은 여전히 남아 있게 된다.

동화의 주인공은 신화적 주인공만큼이나 위험에 찬 어둠을 향한 수탐의 여행을 떠나는 것이다. 접근이 금지된 혹은 불가능한 신적인 것, 마술적인 것에 대하여 인간 스스로 물음을 제기하고 그 신적인 것, 마술적인 것 그 자체가 인간에게 직접 드러나듯이 인간 스스로가 마련한 해답이 신탁이란 이름으로 이루어지는 과정— 그 사이의 애기가 신화의 본색의 하나임을

André Jolles가 시사한 바 있지만, 그 신탁풀이가 바로 가장 진지한 차원에서의 수수께끼의 기원인 것이다. 동화는 접근이 금지된 신적이고 마술적인 어둠을 풀어 나가는 본원적인 의미의 수수께끼 풀이다.

동화의 주인공이 겪어 나가는 그 수탐의 여정이 신화적 인물의 그것과 같은 것이라면 신화를 뒷받침했던 이른바 입사식의 절차가 그대로 동화의 바닥에 깔려 있다고 보아도 무방할 것이다. 그럴 때 동화는 한결 생의 현실에 근접해 가게 된다. 동화의 「리얼리즘」을 상당한 단서를 붙여 운위(云謂)할 만해지는 것이다. 그만큼 생의 현실을 반영하는 얘기일 수 있게 되는 것이다.

물론 모든 인간 표현이 그렇듯이 동화도 생의 전부를 반영하지는 못한다. 보는 시야에 따라 인간심리의 심층을 반영하고 있는가 하면 생활 습속을 반영하고 있을 때도 있다. 아니면 어떤 관념 — 특히 이른바 민간사고의 틀을 보여 줄 때도 있다. 그것도 민족적 차원에서만이 아니고, 범인류적인 차원에서 그러한 것들을 반영하고 비쳐주고 있다.

이른바 전파론자(傳播論者)들의 주장을 따르자면 민담만큼이나 여행을 즐기는 인간 문화도 드물다. 지하로 잡혀간 공주(부자집 딸)를 악마의 손아귀에서 구해 오는 것을 줄거리로 하고 있는 얘기는 「두 형제 얘기」(Type 303), 또는 「악용 퇴치 얘기」(Type 300) 등으로 알려져 있는 유명한 얘기다. 한국에서는 그것이 손진태 선생에 의해 「지하 대적(大賊) 제치(除治) 설화」로 불려지고 있다. 손선생의 것은 물론 한국에 전하여져 있는 얘기다. 이 얘기는 구라파 전역(동· 서· 남· 북 구라파를 통틀어), 중근동 일부, 「아프리카」 및 남 「아메리카」 일부 그리고 아시아 일부에 퍼져 있음이 Stith Thompson에 의해 조사된 바 있다. 그러나 Thompson의 일람표에 빠져 있기는 해도 비슷한 얘기가 Type 301A, 301B, 301F 등으로 가름되게끔 거의 중국대륙 전역, 동남아시아, 극동지역에까지 두루 퍼져 있는 것이 판명되기도 했다.

그래서 이 Type 300의 얘기를 「세계적 민담」이라고 부르기는 하나 그렇다고 민담의 세계성이 이 얘기에만 한정될 것은 아니다. 이 같은 민담의 세계성으로 볼 때 민담이 반영할 인간 현실 자체의 범세계성도 있을 수 있는 것이다. 물론 이렇게 되면 화제는 전파론에서 이른바 「민담 다(多)기원설」에 옮겨 앉게 된다. 인간이 지닌 근원적 동질성, 일차적 공질성으로 말미암아 비슷한 얘기가 서로 다른 지역에서 생겨날 수 있다고 보는 것이 「다기원설」이다. 그러면 위험에 찬 어둠으로 향하는 동화의 수탐의 여정은 인간 생의 무엇을 반영하고 있을까.

그것은 인생을 그 탐구(探求)란 측면에서 보여주고 있다. 인간 생에 있어서의 탐구의 불가피성, 생을 지탱하는 원리로서의 모험적 탐구가 동화에 담겨 있는 것이다. 삶이 탐구의 행적이고 탐구는 필경 모험성을 띠고 있음을 동화는 신화를 되돌아보면서 비쳐 보이고 있다. 신화를 회고할 때, 탐구의 모험이 근원적임을— 요즘 잘 쓰는 말로 하면 원초적임을 동화는 보여주고 있다.

삶에 있어 참다운 탐구의 대상은 위험에 찬 어둠 속이다. 「아인슈타인」에게 있어 과학적 탐구란 것도 필경 이 어둠의 자각일 때 최고도에 달하고 그때 과학적 탐구는 종교적 신앙과 바로 이웃하게 되는 것이다. 「프로이트」가 밝힌 것도 위험에 찬 어둠이었다. 잠재의식이란 필경 우리 속의 무서운 어둠에 붙여진 이름이기 때문이다. 우리들은 그 어둠에 꿈이 아니고는 이르지 못하는 것을 생각해 보자. 꿈이 지닌 상상적인 얘기, 그 환상적인 이미지로 엮어진 얘기가 우리의 위험한 어둠에 이르는 빛임을 생각해 볼 필요가 있다. 고도로 단련된 수준에 있어 인간적 탐구란 암중모색이다. 어둠 속을 더듬는 손길이다. 어디 있는가가 알려져 있고 어떻게 얻을까가 드러나 있고 또 그것이 무엇인가가 밝혀져 있는 것을 손에 넣는 것이 우리들에게 얼마나 의미를 가지고 있을까. 본질적으로 그것은 인간적인 찾음이 아니다. 기계가 할 수 있는 일이고 심지어 동물들도 할 수 있는 찾음이다.

전쟁은 참다운 뜻의 모험이 아니다. 워낙 모험은 그것이 야기할 갈등과 그것이 일으킬 문제와 또 불러일으킬 창조의 풍족함에 기대어 있는 것이다.

이것은 Saint-Exupéry의 『전쟁의 조종사』에서 나는 비행기 속에서 얼어붙은 조종간을 쥐고서 하는 독백이다. 참다운 모험은 갈등과 문제를 일으키는 과정이다. 모험은 미궁에서 더 깊은 미궁으로 치닫는 법이다. 전쟁의 위험조차 그에 비하면 아무것도 아닐 만큼 위험한 것이다. 인간적인 찾음은 이 조종사의 생각에 떠오른 모험과 같다. 이제 곧 압도적으로 성능이 좋고 우세한 적의 전투기기가 나타날 적군 제공권하의 하늘을, 관(棺)에다 날개를 단 것 같은 정찰기를 몰고 나는 일은 결코 모험이 아닌 것이다. 그것은 앞이 뻔한 노름에 지나지 않는다.

모든 것이 잃어졌을 때 모든 것은 비로소 구(求)하여진다는 교훈의 화신(化身) 같은 동화의 주인공 — 왜냐하면 그는 빈털터리의 지체 얕은 소외자였으니까 — 은 다행히 이 모험 같은 찾음에 몸을 던진 것이다. 그는 무엇보다도 인생에 있어 불가피한 찾음이 그 모험 같은 찾음임을 일깨워 주고 있다.

그것은 잠들어 있는 인간의식을 깨운다. 상식과 관습에 젖어 굳어져 가는 의식을 근본적으로 혁신하기를 요구한다. 오늘날의 우리들이 이미 저기 어느 길목쯤에 떨어져 있는 것을 집어서는 주섬주섬 주머니 속에 집어넣는 그런 거지꼴로밖에는 무엇인가를 구하고 있지 않음을 증언하고 있다. 무엇보다 오늘날 우리들의 찾음이 가짜 찾음임을…… 그리하여 우리가 지닌 모든 것이 가짜임을……, 그리고 우리가 본 세계가 우주가 또한 가짜임을 준엄히 증언하고 있다.

2. 민담과 서민정신

　　저자는 논의를 쉽게 하기 위한 방편으로 서민(庶民)을 「가지지 못한 사람」으로 규정코자 한다. 갖지 못한 대상에는 권력과 지위 및 재력 등이 포함된다. 따라서 주어진 과제인 「서민정신」도 이 가지지 못한 사람들과 그 갖지 못한 것과의 사이에서 야기되는 갈등과 그에 대하여 그들이 취한 바 대처방법을 통해 파악코자 한다.

　　먼저 권력의 그늘에서 생겨난 민담을 예로 들어보자.

　　" 안점(鞍岾)은 서곡현(瑞谷顯) 남쪽에 있다. 그곳에 옛날에 한 남자가 살았다. 그는 장성을 쌓는 일에 징용당하여 북으로 가게 되었다. 그때 그는 아내의 몸이 무거운 것을 알았지만 어쩌는 도리가 없었다. 오랜 부역을 마치고 고향으로 돌아왔으나 마을은 달라져 있었다. 마침 쌀짐을 지고 길을 가던 젊은이를 만난 그는 옛 마을이 어디냐고 물었다. 그러나 젊은이가 바로 자기의 아들이었을 줄이야. 서로 붙잡고 통곡해 마지않았다. 울음으로 풀 길 없는 원한이었다. 손가락을 깨물어 선혈로 부자의 모습을 바위에 그리고는 함께 자결하였다."

　　다른 민담 「장르」와는 달리 각별히 지명전설(地名傳說)에는 비극적 종말이 많거니와 이 안점(鞍岾)의 전설도 그 예에 들 것이다. 이 전설에는 강압적인 부역에 시달린 참담한 민중의 생활이 담겨져 있다.

『고려사』의 다음 기록은 그러한 민중의 애사(哀史)를 사실
(史實)로 전해주고 있다.

　　일찍이 중미정(衆美亭)을 위한 노역이 있었을 때의 일이다. 징용당
한 사람들은 스스로 식량을 자급하여야 하였다. 그러나 한 인부가 몹
시 가난하여 자급할 수 없었다. 함께 일하던 다른 일군들이 십시일반
으로 그를 먹여주었다. 하루는 그 아내가 음식상을 차려서 찾아 왔었
다. 그리고는 지아비더러 나머지 동료들과 나누어 잡수시라고 권하기
조차 하였다. 놀란 인부는" 가난한 살림에 무엇으로 이를 장만하였
소. 누구와 통정(通情)이나 하였단 말이요. 혹은 남의 것을 훔치기라
도 하였단 말이오"라고 다그쳐 물었다." 제가 이토록 못생겼으니 누
구와 통정인들 하겠으며, 됨됨이가 옹졸한 터에 어찌 도둑질인들 하
였겠소. 오직 머리카락을 잘라 팔았을 뿐이라오" 이렇게 대답한 아내
는 그 머리를 남편에게 내 보이었다. 지아비는 소리내어 울 뿐 음식
을 삼킬 수가 없었다.

　물론 앞서의 전설과 이『고려사』의 기록은 지역이 다르다.
또 시대가 같은지 다른지조차 알 수가 없다. 틀림없이 따로따
로 생긴 얘기이고 기록이다. 그러나 전설에는『고려사』의 사실
(史實)이 비쳐져 있는 것이다. 양쪽에 꼭같이 강압적인 징용으
로 표현되는 권력 아래 시달린 서민의 삶의 슬픔이 통곡보다
더 진하게 메아리치고 있는 것이다. 우리는 그 메아리에 섞여
울리는 또 하나의 비가(悲歌)를 잊을 수가 없다." 서경(西京)이
아즐가／서경이 셔울히 마드는／닷곤대 아즐가／닷곤대 쇼셩경
고외마른／여해므론 아즐가／여해므론 질삼뵈 바리시고／괴시
란대 우러곰 좃니노이다"라는『서경별곡(西京別曲)』의 수련(首
聯)이 바로 그 비가다. 새로 벌어진 어느 토공역(土工役)에 끌
려가는 님을 놓지 못해 비통해 하고 있는 여인의 울음을 여기
서 들을 수 있는 것이다.

그 이웃에 시가(詩歌)와 사실(史實)을 하나씩 포함하고 있는「안점 전설」은 그만큼 보편성 있는 민담일 수 있는 가능성이 있다. 따라서 서민정신을 추출하기에 적절한 애기이라는 추정도 가능해진다.

시가와 사실에 있어서도 그렇듯이「안점 전설」은 서민들이 그들 스스로의 삶과 세계에 대하여 가진 인식을 보여준다. 자신들은 현실 속에서 억압된 자로서 존재하고 있기에 필시 그 삶은 취약하고 허무하다는 것을 그 전설은 통찰하고 있다. 적어도 정치적인 현실, 사회적인 현실 안에서는 그 극복이 불가능하리란 것을 그들은 알고 있었던 것이다. 그것은 회피할 수 없는 삶의 상황이란 것을 알고 있었던 것이다. 현실 속에서는 언제 어디서나 그들의 삶은「한계」와 더불어 비로소 영위된다는 것을, 아니「함께 지워지는 것」그것이 바로 그들의 삶의 과정이란 것을 깨닫고 있었던 것이다. 우리의 선민(先民)들은 그럴 때 그것을 곧잘「팔자」란 말로 표현한 것이다. 속담을 빌리자면' 쪽박을 쓰고 벼락을 피할 수 없는 것' 처럼 불가피한 것이었다.

그러나 전설은 이로써 끝나고 있지는 않다. 대개의 민담이 그 구조에「반대에 의한 발전」을 지니고 있듯이 이 전설 속에서도 전환은 찾아진다. 이 전환이 없었더라면 이 민담은 자조나 감상(感傷)으로 끝나고 말 것이다. 고작해야 민담의 인식기능을 담당할 수 있었을 뿐일 것이다. 그러나 다행히 전환부가, 그것도 가히 처절하다고 함직한 전환이 있기에 이 애기를 두고 한「정신」을 애기할 수 있게 된다. 정신이란 높이를 구하는 인간의 마음, 초월을 마음하는 인간의지다. 승화와 고양(高揚)이 바로 정신이라는 인간 심성의 표정이다. 이념을 향해 날갯짓해 오르는 치열한 마음의 움직임이다.

정치권력으로 말미암아 이산한 가족, 「유복자(遺腹子)」를 혼자서 기르다 지친 아내는 남편을 기다리다 못해 목숨이 다한 것이다.

고아로 성장한 아들 부자의 최초의 만남이 그저 지나치던 남남으로 길을 물어보는 일이었다니……. 이런 것들에 삶의 허망은 잔인하도록 임리(淋漓)하다. 이 허망을 대면하였을 때 부자는 단지(斷指)하고서 그 피로써 그들의 화형(畵形)을 바위에 그린 것이다. 그것은 허망을 딛고 일어서려는 그들의 의지의 표현이다. 정치적 권력의 횡포와 현실의 삶의 비리(非理)를 넘어서 있을 그들의 의지를 피로써 그린 것이다.

부자가 서로 붙잡고 통곡하였을 때 그들은 분명히 현실 앞에 무릎을 꿇은 것이다. 그리고 그들이 자결하였을 때 패망은 더욱 결정적인 듯이 보인다.

그러나 그 패망의 순간에 그들은 그 패망의 피안을 마음한 것이다. 영원히 변화 없을 바위 위에 피로써 아로새긴 화형이 바로 그 마음의 표현이다.

그것은 지상적인 것에 있어서의 허무를 영원한 것에 부치는 의지로 초극하려는 것이다.

패망 속에서 오히려 패망을 넘어설 의지를 피의 화상(畵像) 속에 형상화한 것이다.

그런 의미에서 그들의 죽음은 비극적이기조차 한 것이다. 패절(敗絶) 속에서 오히려 인간의 숭엄(崇嚴)을 보일 때 비극미는 그 절정에 다다른다. 육체적인 생(生), 지상의 생의 패절을 겪고서야 패절을 넘어서는 생의 높이를 시현(示顯)하는 순간인 것이다.

절대적이고 압도적인 정치적·사회적 현실의 멍에 속에서 결행한 「역설적인 승화」, 이 속에 서민의 정신이라 부를 만한 것이 있다. 이때 그들은 한계지워지기만 하던 그들의 삶을 한계 바깥으로 초탈케 하고자 한 것이다.

『고려사』의 기록도 같은 것을 보여주고 있다. 귀족의 향락을 위해 식량마저 자급하며 징용당해야 했던 서민생활의 참상 ……. 그들은 그 자급이 불가능해서 굶으며 노동해야 했던 것이다. 남편이 그 지경일 때 집에 홀로 남은 아내야 오죽했으랴. 더 이상 있을 듯싶지 않는 정치와 사회의 비리(非理)이다.

인형극 『박첨지』에 이무기〔螭〕의 장면이 있다. 용에 비해 못된 심술의 화신인 이무기는 악룡(惡龍)이다. 가뭄이 들게 하고 인축(人畜)을 집어 삼키기도 한다. 『박첨지』에서도 이무기로 변해 같은 재변(災變)이 닥친다. 이 장면은 예의 유명한 평양감사(平壤監司) 장례 장면과 이어져 있다.

양반의 양반격인 감사가 서민들에 의해 호되게 곤욕을 겪는 익살스런 장면이다. 장면의 접속관계는 이무기에 대해 매우 시사적이다.

이조사회에서 서민이 가장 무서워한 것이 양반이요, 범이요, 또한 이무기이다. 천하의 삼환(三患)이다. 삼환의 둘이 접속되어 나타나 있는 것이다.

『고려사』 기록 가운데의 징용당하고 오히려 굶주리며 일하는 서민과 그 아내에게 있어 양반은 이무기보다 더 무서운 것이다. 그러면서도 양반들에게 내놓고 항거할 수도 없는 그들이었다.

『고려사』의 다른 기록에 의하면 귀족을 위한 격구장(擊毬場)이 좁다고 강제로 집을 헐린 서민들이 그러고도 모자라 그들의 집터에 마련된 격구장 건설에 동원되고, 다시 격구 때마다 물 뿌리는 작업에까지 동원된 사례가 있다. 그런 처지의 서민에게 있어 양반이 어찌 이무기보다 무섭지 않을 수 있었겠는가.

그러나 그 귀족으로도 머리 깎아 남편의 일참을 마련한 그 아내의 정을 꺾을 수는 없었던 것이다. 아녀자의 가여운 정이라고 부를 수 있을지 모르겠다. 그러나 그 연약한 정이 오히려 이무기보다 더 무서운 횡포를 이길 수 있었다. 그 아내의 정은 귀족들에게 추호의 영향조차 끼칠 수 없는 것이다. 그런 점에서 그것은 분명히 아니다. 그러나 무서운 억압 속에서 오히려 감연히 피어난 정의 꽃이기에 비장한 것이다. 그것은 지상의 권력으로는 어떻게도 할 수 없는 인간의 종국이란 점에서 엄청난 힘일 수 있는 것이다. 눈 속에 피어난다는 꽃처럼 처연한 아름다움을 지니고 있다. 그것은 약하기에 오히려 강한 것이다.

섬약(纖弱)한 여인의 정을 걸고 무엇에도 꺾일 수 없는 인간의 지고(至高)가 꽃핀 것이다. 여기 또 한번 「역설의 승화」 정신이 있다. 그것은 무저항의 저항이라고 불러도 좋을 것이다. 현실의 무거운 굴레 아래서 그 존재가 마지막 짓눌러짐으로써 오히려 그 짓눌림이 원인이 되기나 한 듯이 찬연한 승화들이 마련된 것이다.

이 전설 속의 역설의 승화는 현실에 있어서의 그 한계성을 인식한 서민들이 그 슬픈 인식을 허구 속에서 대상(代償)한 것이라 생각할 수 있다. 이에서 전설은 억압된 욕구의 충족이란 전설 본래의 심리적 기능의 하나를 다하는 것이라고도 보여진다.

이럴 때 우리들은 신라의 지귀(志鬼) 얘기를 연상하게 된다. 지귀는 한갖 역리(驛吏)에 지나지 못했다. 그 주제에 선덕여왕

(善德女王)을 사랑한 것이다. 초췌가 날로 더하여 가던 그는 이제 죽음을 기다릴 뿐이었다. 그러나 요행히 소문을 들은 여왕은 그에게 오직 한번 「밀회」의 기회를 주었다. 여왕이 행차하게 될 절의 탑 아래서 만나자는 것이었다. 지귀는 몇 밤을 뜬 눈으로 지새웠을 것이다.

호사다마(好事多魔)라고 했다던가……. 꿈의 시간이 왔을 때 그만 그는 수마(睡魔)에 사로잡히고 말았다. 여왕인들 그것이 어찌 애처롭지 않았으랴……. 지나치다 팔찌를 그의 가슴에 빼어 놓았다. 얼마나 지난 때였을까. 그의 뜬 눈에는 오직 팔찌만이 비쳤을 뿐……, 민절양구(悶絶良久), 드디어는 화귀(火鬼)가 되었다는 것이다. 그는 스스로, 「사랑의 가슴은 타는 불」임을 보여준 것이다.

이 애기 속에는 못다 이룬 서민들의 동화적인 꿈이 타오르고 있다. 서민들은 못 이룰 동화적인 꿈을 이 애기 속에 담은 것이다. 애기 속에서 그들은 여왕에게서조차 사랑을 받을 수 있었던 것이다.

물론 치자(治者)의 윤리로 보면 이 애기는 민담의 이른바 동능적(動能的) 기능을 다하고 있다고도 보여진다. 서민의 당돌한 꿈이 어떻게 큰 파멸을 몰고 오는가를 서민들에게 납득시키고 그로써 치자(治者)와 피치자(被治者)의 한계를 분명히 하려던 치자의 의도를 여기서 보아낼 수 있겠기 때문이다.

그러나 민담은 때로 두 모순을 등가적(等價的)으로 지니고 있기도 하다는 사실을 고려할 때 민담을 어느 한쪽의 입장에서만 굳이 한정짓는 것은 바람직하지 못한 것이다.

서민들은 서민들의 입장에서 귀족과는 판이하게 한 민담을 받아들이고 해석할 수 있는 것이다. 귀족들로서는 그들의 내부

적 단결을 더욱 공고히 하는 계기를 마련할 기틀이 될 민담일
지라도 서민들로서는 그들도 언젠가는 귀족의 영화를 제것으로
누리려는 그 욕구의 발산 계기가 될 수 있는 것이다.

동화에서는 「반대에 의한 발전」이 다른 방법으로, 다른 계기
로 마련된다.

다음 호랑이 얘기는 우리나라로서는 보편도가 큰 얘기다.
" 옛날에 옛날에 한 가난한 홀어미가 남매를 기르고 있었다"
로 시작되는 얘기의 간략한 줄거리는 다음과 같다.

어느 추운 겨울날, 이웃 마을 잔치집에 품을 팔아 묵을 얻어
돌아오던 엄마는 첫고개에서 호랑이를 만났다. 호랑이는 묵이
냐, 엄마의 목숨이냐의 양자택일을 요구했다. 두 모뿐인 묵이
둘째 고개에서 마지막으로 없어지고, 셋째 고개에서 엄마는 죽
고 말았다. 한편 엄마를 기다리던 아이들에게는 뜻밖의 손님들
이 찾아 왔었다. 밤과 바늘과 멍석과 지게였다. 추운 겨울 밤
잠잘 곳을 빌려 달라는 이들을 남매는 밤은 아궁이 재 속에,
바늘은 부엌 바닥에, 멍석은 마당에, 지게는 곳간 옆에 각각 자
게 하였다. 엄마를 삼킨 범이 엄마를 가장하고 아이들을 덮친
것은 이때였다. 아이들은 범에게 타이르기를 멀리 오시느라 목
이 탈 테고 급히 잡수시노라면 체하기도 할테니 부엌에서 물이
나 마시고 천천히 잡아 잡수시라고 하였다. 범이 부엌에 나갔
을 때 알맞게 익은 밤이 터지는 통에 잿가루가 범 눈에 튀었고
부엌 바닥에 쓰러져 뒹구는 범을 바늘들이 쑤셔대자 범은 마당
으로 나와 딩굴었다. 멍석이 두루루 범을 말아 지게에 얹자 지
게는 그 길로 눈먼 범을 강물에 빠뜨리고 말았다. 그래서 남매
는 잘 먹고 잘 살았단다로 얘기는 끝이 난다. 동화다운 「해피
엔딩」이다.

그러나 얘기는 중간에서 어린 남매에게서 엄마를 빼앗고 만다. 얘기를 듣는 아이들의 절망감은 극에 달한다. 여기서 얘기는 아이들에게 세상은 언제나 위기에 차 있는 것, 그리하여 아이들도 언제고 스스로 위기에 대처하여야 하는 것, 그것이 비정한 현실의 진상임을 일러주는 것이다. 여기 또 한번 민담의 「동능적(動能的)」 기능이 있다. 아이들은 어차피 조만간에 부모를 떠나 살아야 하는 것이다.

범은 엄마를 그 아이들에게서 빼앗을 수도 있는 그 비리의 현실을 나타낼 수 있다. 약한 자를 끝까지 궁지로 몰고 가는 횡포한 힘을 상징할 수도 있다. 가령 악한 자는 모두 그것이 호랑이 같은 것일 때에도 여우처럼 교활한 것이다. 아이들을 속일 때의 범은 정히 여우를 닮았다. 동화에서 때로 늑대마저 얼마나 교쾌(狡獪)하고 간사한가를 생각해 보면 알 일이다. 여기서 앞서 말했듯이 범이 천하삼환(天下三患)의 하나였음을 상기하자. 그러면 범이 서민에게 비리를 강요하는 양반의 모습을 겸하기도 했다는 것을 짐작할 수 있게 될 것이다. 어머니에게서 묵을 빼앗아 먹는 범이 수탈을 연상시킨다는 것도 유념할 필요가 있다.

남매가 교쾌하고 포악한 범 앞에서 속수무책이었을 때 기적이 일어난다. 역전승(逆轉勝)이 생기는 것이다. 그것은 정말 동화적인 환상으로 마련된다. 앞서 다룬 「안점 전설」에서와는 전혀 다르다. 밤·바늘·지게·멍석 등 외래적인 도움이 주어진다. 그러나 그것들은 끝내 외래적이기만 한 것은 아니다. 그것은 착한 남매의 마음에 대한 보답인 것이다.

그 도움은 내발적(內發的)인 것이다. 여기 선한 인간성에 대한 신앙이 있다. 실상 「착한 마음」이란 것이 한국이라는 전통사회에 있어서의 실질적인 복음의 체계였던 것이다. 그것은 윤리적이면서도 아울러 종교적인 것이기도 했던 것이다. 절대적인 현실의 얽매임에 저항할 때의 마지막 보루도 바로 이「착한 마음」에 있었던 것이다. 그것은 어린아이들에게 있어 유일한 보호요, 세계 그 자체이기도 했던 어머니 이상의 것인 것이다. 어린아이들에게 있어 어머니 이상의 것이 있다는 인식은 무섭기까지 한 것이다.

여기에 이 동화의 탁월한 또 하나의 인식기능이 있다. 억압을 으젓하게 넘어서는 인간의 존엄성이 바로 이「착한 마음」에서 싹튼 것이다. 그런 점에서 남매의「착한 마음」은「안점 전설」의 이혈화형(以血畵形) 자결이나『고려사』 기록의 단발(斷髮)과 같은 의의를 지니고 있다. 이때 후 양자의 주제들이 필경은 주인공들의「선량」과 맺어져 있음에 주의를 환기하고 싶다. 인간의 옹호를 위해 규탄하고 공격하는 그런 서구적인「모럴리스트」 의식은 찾기 어렵다 해도 선에 인간 구원의 기대를, 아니 신앙을 걸었다는 점으로 거기에서「모럴」 의식과「휴머니즘」 의식을 찾기는 어렵지 않을 것이다. 물론 그 신앙이 동화의 경우, 환상적이라고 비판할 수는 있다. 그러나 환상은 동화 그 자체의 본성인 것이다.

「안점의 전설」과 단발녀(斷髮女)의 사기(史記)와 남매의 동화는 정치적 또는 사회적 현실의 비리 속에서 일단은 서민들에게 무참한 굴복이 있을 수밖에 없다는 인식을 갖고 있다. 그러나 이른바「반대의 발전」이라 불려지는 후반부에서 역전이 생기는 것이다. 여기서 전반에서의 굴복이 대상(代償)된다. 억압된 욕구가 여기서 채워지는 것이다. 대상은 양반들의 힘처럼 물리적인 힘, 세속적인 원리의 권력을 계기로 하여 마련되는 것이 아니다. 어떤 의미에서나 물리적인 힘이나 세속적인 권력일 수 없는— 그런 의미에서 약한 계기에 의해 마련된— 것이다. 지상적인 것의 허무를 초월하려는 의지, 처절할 만큼의 아름다운 정, 환상적일 만큼 믿음이 강한 착한 마음 등에 의해 마련된 것이다.

그것들은 모두 물리적인, 세속적인 힘이란 관점에서 보면 약하디 약한 것들이다. 그 약함에 의한 물리적인, 세속적인 힘의 극복을 전설과 사기와 동화는 꿈꾸고 있다.

여기서 거듭 강조하자. 「역설의 승화」는 서민정신의 한 면모였다.

이제 논의를 서민들이 금권을 두고 만들어낸 애기에 옮겨 보자.

민담 가운데는 「노랭이」 애기 또는 「자리곱쟁이」 애기 등 구두쇠에 관한 것이 적지 않다. 매우 우스꽝스럽고 아울러 과장이 심한 「허풍선이 애기」들이다. 폭소까지 자아내게 하는 매우 사교성 짙은 애기들이다.

서민들은 진작부터 돈에 대한 꿈을, 혹은 유명한 도깨비 방망이 애기에, 또는 한 번 진 빚인데도 밤마다 빚돈만큼 갚으러 오는 도깨비 애기 등에 담고 있다.

앞에 말한 노랭이 애기들은 모두 부자가 되는 과정에 관한 애기 또는 인색한 부자의 생리에 관한 애기들이다. 그 가운데서도 「해주(海州)· 개성(開城) 노랭이의 노랭이 정신경합에 관한 애기」와 「도척 선생」 애기가 가장 재미있다. 앞의 예에서 보듯이 노랭이 애기는 지역성을 띠고 있다는 한 단면을 지니고도 있다. 해주· 개성 이외에도 수원(水原)· 진주(晋州)· 강화(江華)와 연관된 것들이 있다.

도척 선생의 이름은 중국의 춘추시대(春秋時代)의 흉도(凶徒)의 수령 도척(盜跖)과 무슨 연관이 있을 듯하나 미상이다. 도척 선생에게 강청하여 제자가 된 사내는 절벽 위 장송(長松) 가지 끝에 한 손으로 매달리게 하고서 돈을 쥐면 그렇게 붙잡으라는 스승의 가르침대로 백여 석을 마련할 수 있었다.

더욱 걸작은 그의 보은편(報恩篇)이다. 그는 고작 굴비대가리 열 개를 새끼줄에 꿰어서 세찬(歲饌)이랍시고 그의 스승에게로 보내었다. 그러자 도척 선생은 대노(大怒)하신다. 세찬이 빈약하다는 것이었을까. 여기서 애기는 우리의 그「속된」기대를 조롱하고 일격을 가한다.

" 굴비대가리를 보내면 대가리만 보낼 것이지 웬 새끼줄은 쓸데없이 보내었는고. 그러기에 그 놈이 고작 백여 석지기가 되고 말았지……"라는 말을 듣고 비로소 그게 바로 도척 선생의 진면목이거니 감탄불기(感歎不己)할 뿐이다.

이 애기에 대한 반응은 두 가지로 나타난다. 그리고 그들이 서로 모순된다. 민담의 모순의 등가성(等價性)이 여기 있다.

하나의 반응은 주로 민담의「동능적(動能的)」기능과 관련되어 나타난다. 도깨비에 의해 요행으로 횡재하게 되는 애기와는 달리 돈은 버는 것이 아니고「모으는 것」― 그것도 악착같이 초인적인 인내와 검약(儉約)으로 오직「모으는 것」이어서 부자가 되려면 적어도 그만큼의 충분한 시련이 있어야 함을 명심하라는 애기도 우선 받아들여지는 것이다. 집안에서 어른들이 자손들에게 이 애기를 할 때 어른들은 주로 이 반응을 노리는 것이다. 이럴 때 이 애기 속에는 서민들의 돈을 향한 치열한 갈구가 있다.

그것을 무섭게 돈과 맞겨루고 덤비는 감투정신(敢鬪精神) 같은 것이라 부른다면 과장일까? 적어도 현실을 그토록 뼈아프게 견디고 참으며 살겠다는 의지만은 보아낼 수 있을 것이다. 양반들의 권력과는 달리 억척스레 떼거리를 부릴 수 있는 대상이 돈인 것이다. 어떻게 해서라도 손에 넣어야겠고 또 넣을 수 있을 것이라는 신념이 거기 있는 것이다. 양반들의 권력 앞에 굴종만 하던 것과는 전혀 다른 태도다. 두드려도 안 열리는 것이 양반의 권세고, 두드리기에 따라서는 열리기도 하는 것이 금권인 것이다. 이런 의미에서 노랭이 애기는 현실의 차원에서는 정치적·사회적 권력에서 밀려난 서민들이 그 소외를 돈으로 대상(代償)코자 한 애기라고도 보여질 것이다.

한편 이 애기는 청중들의 전혀 다른 반응을 환기할 수 있다. 막중한 은혜를 입은 스승에게 드릴 세찬으로 갖가지 궁리 끝에 먹다 둔 굴비대가리를 고른 제자의 그 치사한 인색함에 아연해지는 것이다. 그리고 꿰어서 보낸 새끼줄을 여분이라고 질책하는 스승에게서는 내제내사(乃弟乃師)라는 인상을 받게 된다. 검약의 미덕을 지닌 인격으로서의 주인공들이 「인색」이란 혐오스러운 인품의 주인공으로 바뀌게 되는 것이다. 그리하여 마지막 스승의 질책 장면에서 웃음을 내게 되는 청중은 악덕을 웃는, 희극적인 웃음을 웃고 있는 것이 된다. 인색이 웃음거리가 된 것이다. 돈에 대한 지나친 집념과 부자가 한꺼번에 조소의 대상이 된 것이다. 악착같이 돈만 아는 심성을 오히려 비웃어 주고 있는 것이다. 희극적인 웃음을 웃을 때는 웃음의 대상보다는 웃는 사람이 한결 낫다는 우월감이 작동하게 된다. 노랭이 애기를 주고받으면서 웃은 서민들은 그 웃음 속에서 자신들이 부자들에 대해서 갖는 우월감에 취할 수 있던 것이다. 서민들은 부자를 딛고 일어선 것이다. 그들은 이렇게 해서 쉽게 손에

들지 않는 부에 저항한 것이다. 여기서 서민들의 위치와 부자들의 위치가 역전되는 것이다. 앞서 「안점 전설」에서와는 다른 종류의 역전이다.

사회적· 정치적 권력에 접하여서는 서민들은 비장감 깃들인 「역설의 승화」 정신으로 권력에 대한 그들의 인간적 우위를 확보한 데 비해, 금권 내지 부의 힘에 대해서는 희극적인 웃음으로 그 인품의 우월을 확보한 것이다. 후자를 이름하여 희극적인 서민정신의 승리라고 불러도 좋을 것이다.

3. 민담의 민간사고

(1) 민담은 지구적(地球的) 유기체다

아주 어린 놈은 할머니 무릎을 베고 조금더 큰 놈들은 더러는 벽에 기대앉고 더러는 길게 누워 있는 그런 방. 아니면 좌장격(座長格)인 나이 좀 든 사람을 에워서 서너 명 혹은 너댓 명 막걸리잔이 몇 순배 돌고 난 뒤 담배연기로 자욱한 그런 토방.

그곳이 바로 민담의 현장이다. 「옛이야기」로 혹은 「옛날 이야기」 아니면 지방에 따라 「이바구」로 불려지는 민담(民談)들은 이 방 속의 메주 냄새, 화롯불의 온기, 그런 것들이 얽혀서 자아내는 분위기 속에서 메주만큼이나 구수하게, 질화로만큼 따스하게 전해져 온 것이다.

대개는 저녁 먹고 나서 잠들기 전의 한때, 이따금 바지락거리며 초롱불 심지가 타는 소리뿐, 방안도 어둠에 잠긴 마을과 한가지로 공연히 심심하고 궁금한 그러한 때가 바로 옛 애기의 시간이다.

" 할머니, 애기 하나……응"

" 누구 애기 한 번 하세……"

그런 권유를 실마리 삼아 옛 애기는 설설 그 말머리를 일으키는 것이다.

" 내 그러면 애기 한자리 하지."

애기는 곧잘 이렇게 「한자리」로 불려진다. 그 말은 애기의 속성을 아주 곡진하게 나타내고 있다. 모두 한 자리에 어울릴 수 있는 애기, 사람들이 모인 자리에 아주 잘 어울리는 애기, 옛 사람들이 생각이며 감정을 남기고 갈 자리인 애기, 그래서 애기는 「자리」라 부르는 것이겠다.

노래도 「한 자리」다. 한가락 부르면 그것으로 한 자리다. 탈춤이나 그 밖의 놀이가 「한 판」, 「한 마당」으로 불려지는 것과 비슷하다. 「판」이나 「마당」이나 모두 「자리」처럼 사람들이 어울리는 현장을 의미하기 때문이다. 한 판 신명나게 놀 듯이 「한자리」 재미있게 애기하고 듣는 것이다.

옛 애기는 이 자리 속에서 들어야 한다. 그래야 산 애기를 듣는 것이다. 자리의 분위기에 따라 줄거리가 달라지고 흥도 절로 달라진다. 듣는 사람의 애기에 대한 반응이 이 애기하는 사람을 움직여 그때마다 애기에 운을 더하게 하는가 하면 아주 살이 빠지기도 한다. 애기하는 사람과 듣는 사람과 듣는 사람이 어울려 애기를 이끌어 가는 것이다. 따라서 민담(民談)은 활자(活字)로 읽을 것이 못된다. 민담이 애기되는 자리 속에서 들어야 한다.

민담은 자리 속에서, 현장(現場)에서 생동(生動)하고 있다. 생동한다는 것은 현장에 있는 사람에게 작용하고 기능(機能)하고 있음을 의미한다. 민담은 일종의 문학작품(文學作品)으로 굳어져 있지 않다. 그것은 언제나 작용이고 기능일 때 진면목(眞面目)을 드러낸다. 바꾸어서 민담은 연출이라 말해도 좋다. 몸집과 얼굴 표정, 그리고 말의 억양, 음색의 변화 등으로 아주 극적(劇的)으로 애기되는 것만으로 연출이라 부르고 있는 것은 아니다. 민담은 극적인 표현자(表現者) 앞에 보는 사람이자 듣는 사람인 청중을 두고 얘기된다는 점에서도 연출인 것이다.

민담은 원칙적으로 그것이 전승(傳承)되어 온 공동사회 속에서 얘기될 때에라야 비로소 그 전 기능과 의의를 십분 가동(稼動)하는 것이다. 이런 뜻에서 민담은 지구적(地球的) 유기체(有機體)요, 공동사회의 유기적 기관(器官)인 것이다. 민담이 공동사회 바깥에서 읽혀질 때 이미 유기체이기를 그만둘 위험성은 십분 가지고 있다. 감동이 아주 없어지는 것은 아니겠으나 예술적, 심리적(心理的), 교훈적(敎訓的) 등 몇 가지의 감동으로 추상(抽象)되어 버리게 마련인 것이다. 민담이 지역적(地域的) 유기체라는 사실이 민담의 이동이나 전파에서도 나타난다. 민담이 수용될 때 마치 받아들여지는 지역에서 자생(自生)한 것처럼 탈바꿈해 버리기 때문이다. 그 지역다운 생명을 지닌 유기체로 변모하게 되는 것이다.

만일 민담을 두고 한 국가나 민족이 논의될 수 있는 것이라면 그것은 바로 이 지역적 유기성을 에워서 이루어져야 할 것이다. 민담이 자리 속에서, 현장 속에서 어떻게 작용하고 기능하고 있는가 하는 것을 보아야 할 것이다.

(2) 도깨비의 속성

지역적 유기성을 중심으로 해서 한국문화의 한 표징으로서의 민담을 논의해 간다 해도 신화(神話)·동화(童話)·전설(傳說)·야담(野談) 등 여러「장르」에 걸쳐 그 수없는 얘기들을 모두 다룰 수는 없다. 피치 못하게 선택이 있어야 할 것이다.

여기서는 그 논의를「도깨비」애기를 주로 해서 이끌어 가기로 한다. 그것은 도깨비 애기만큼 우리들과 친한 애기도 드물기 때문이다. 어릴 때 한두 가지의 도깨비 애기를 한두 차례 듣지 않고 자란 한국 사람이란 한 사람도 없을 것이다.

도깨비는 단지 민담의 주인공이기만 한 것은 아니다. 일상회화에서도 쓰이고 속담에도 신출귀몰(神出鬼沒)하는 존재다. 행동이나 말이 종잡을 데 없는 사람을 도깨비 같다고 하고 어처구니없는 일을 당하면 도깨비에 홀렸다고 한다.

「도깨비 기왓장 뒤지듯」이면 쓸모없이 허풍을 떨고 소란을 피우는 일이고 「도깨비 땅 마련하듯」이면 실속없이 헛된 짓 한다는 뜻이다. 「도깨비 장난」은 언어도단(言語道斷)의 수작이다. 어떻게 요량해 볼 수 없는 불가사의(不可思議)의 행동도 별 수 없이 도깨비 장단이다.

여기까지에서 대체로 도깨비란 허황된 것, 맹랑한 것, 정체불명(正體不明)의 것 등을 의미하고 있다. 이들 속담 속의 도깨비의 정체 하나가 숨겨져 있다. 이들 속담은 동시에 결과가 나쁘거나 재수가 없거나 할 때에도 쓰인다. 정체불명의 도깨비는 액운(厄運)과 손재수(損財數)를 부르는 화근(禍根)이기도 한 셈이다.

그러나 도깨비는 역시 도깨비답게 그 정체가 한 가지로 제한되지 않는다. 변화와 변덕 그것이 도깨비의 가장 도깨비다운 속성이다.

「도깨비 방망이」면 재산이 쏟아나는 주구(呪具)요, 「도깨비를 사귀었나」 하면 재물이 빨리 늘어나는 것에 대한 경탄이다.

「도깨비 대동강 건너가듯」 한다면 눈에 뜨이지 않고도 쉽게 일이 진척되는 경우다. 「도깨비 기왓장 뒤지는」 것이 집안 망하는 것을 함축하고 있는 것과는 매우 대조적(對照的)이다. 극

(極)과 극(極)이다. 도깨비는「호(好)·불호(不好)」사이를 바람처럼 왔다갔다하고 있다. 이것이 바로 도깨비의 도깨비다운 점이다. 도깨비 말[馬]이나 도깨비 작대기가 도깨비 방망이와 마찬가지로 천하의 귀물(貴物)인 데 비해 도깨비 쓸개는 아주 하잘것없는 것이다. 도깨비는 바람직한 것이기도 하고 영 탐탁치 않은 것이기도 하다. 표리부동(表裏不同)·수미부지(首尾不知)가 바로 도깨비다.

뭐가 뭔지 분간하기 힘든 것, 요지경 속 같은 것, 속을 헤아려 보기 어려운 것, 그것이 도깨비의 정체(正體)다. 도깨비 등거리를 입으면 삽시간에 그 모습이 남의 눈에 드러나지 않게 된다. 도깨비는 늘 이 등거리처럼 정체를 숨긴다.

인간적인 이해를 넘어서 있는 비정상적(非正常的)인 것, 어떻게 분류해 볼 수 없는 것이 정작 도깨비다.

사람은 아니다. 따라서 사람의 영혼이나 육신(肉身)을 갖춘 것도 아니다.

동물은 더욱 아니다. 다리가 하나 혹은 서서 다니고 사람과 말을 주고 받고 수작을 서로 건넨다.

그렇다고 귀신인 것도 아니다.「도깨비는 방망이로 떼고 귀신은 경으로 뗀다」고 한 것은 보면 귀신과는 딴 놈이다. 귀신이 아니기에 종교적(宗敎的) 신앙(信仰)의 대상도 못된다. 두려워하고 무서워하기는 하나 그렇다고 사람들은 굳이 그에게 숭배를 바치려고 하지는 않는다. 오히려 몽둥이로 쫓아낼 대상쯤으로 보고 있다.

사람들은 그 공동체 나름으로 마련된 어떤 기준을 따라 분류할 수 없는 것을 괴물(怪物)로 치거나 싫어하거나 한다. 물고기도 아니고 벌레도 아니고 그렇다고 짐승도 아니라는 이유 때문에 뱀은 늘 백안시(白眼視)당하고 있다. 새도 아니고 쥐도 아니라는 사실 때문에 박쥐는 변절자(變節者) 대우밖에 못 받고 있다.

도깨비는 그런 분류불능(分類不能)의 괴물이다. 도깨비가 미리 존재해 있고 그것이 우리 앞에 모습을 드러낸 연후에 그것이 분류불능이라고 판단된 것은 물론 아니다. 신의 짓으로는 망칙하고 인간의 짓으로는 짐승의 이치에 닿지 않고, 짐승의 짓으로는 너무 당돌한 그런 사상(事象)에 도깨비의 형상(形象)이 주어진 것이다. 사상 자체라기보다 사상 그것이 한국 사람에게 경험된 양상(樣相) 그것에 붙여진 형상이다.

한국 사람에게 신의 짓도 아니고 인간의 짓도 아니고 동물의 짓도 아닌 것으로 경험된 것, 그래서 해괴망칙하고 비일상적(非日常的)이고 유별난 것으로 경험된 것에 붙여진 이름이다. 세속적(世俗的)이지는 않으면서도 신이적(神異的)인 것도 아니게 경험된 것, 물리적인 것이 아니면서도 영적(靈的)인 것도 아닌 것으로 경험된 것이 바로 도깨비다. 그래서 도깨비는 요놈이 도깨비라고 잡아놓고 보면 이미 도깨비 아닌 무엇인가 다른 것으로 바뀌어지고 만다. 심히 성가신 놈이다.

인간이 가진 양분론(兩分論, Dualism)으로는 별 도리가 없는 대상이다. 경험은 되었으면서도 심히 걸리적거리고 따라서 처치곤란한 대상이다. 인간이 가진 생각의 틀에서 늘 어느 한쪽이 빠져나가는 놈이다.

이 경험은 구체적(具體的)인 때도 있고 혹은 상상적(想像的)일 때도 있다. 이제 우리들은 이 기이한 경험이 낳은 기이한 주인공인 도깨비 얘기를 할 때다.

(3) 경험을 정리하는 양식(樣式)

도깨비 얘기는 우선 사상(事象) 및 자연에 대한 경험의 양식으로서 시작된다.

도깨비 얘기의 가장 큰 특색의 하나는 그것이 「메모리트」라는 데 있다. 「메모리트」란 한 인간이 직접 경험한 얘기란 뜻이며 민담(民談)의 특이한 「장르」다. 이 「장르」〔種類〕의 민담은 누가 언제 어디서 어떻게 무엇을 보고 (또는 만나서) 어떻게 하였는가라는 식으로 줄거리가 전개된다. 특수한 상황(시간·공간) 속의 특수인의 경험담이다.

이제 그 특수한 상황을 살펴보자. 특수한 상황이란 도깨비가 나타나는 시간과 공간〔所場〕을 말한다.

시간은 해질녘이 많다. 비가 오면 더욱 좋다. 얘기 주인공인 인물은 나들이 갔다 오는 즈음이다. 먼 나들이인 경우가 많다. 피곤해 있거나 술에 취해 있거나 하는 수가 있다. 장소는 동네에서 좀 떨어진 곳이다. 한적하며 인적 드문 곳이 더욱 좋다. 가령 공동묘지 근처라든지, 아니면 상여(喪輿)집 가까이 혹은 폐옥(廢屋)이 무대로는 십상이다. 동네 밖 정자나무 밑일 때도 있다.

이렇게 고루 갖추어진 상황은 이미 도깨비들의 세계다. 바야흐로 「드라마」의 적대역(敵對役) 〔「안타고니스트」〕이 등장할 찰나다.

주인공 〔「프로타고니스트」〕인 인물은 자기암시(自己暗示)에 빠지게 마련이다. 그 전에 그가 들었던 도깨비 얘기가 그의 머리 속에서 고개를 들 때다. 그는 지금 남의 도깨비 얘기에서 들었던 것과 꼭 같은 그 장소, 그 시간에 다달아 있는 것이다.

그는 은근히 겁에 질리기 시작한다. 그는 얘기에서 들었던 도깨비를 그의 심중(心中)에서 빚어내고 있다.

그때 바람이 불었다고 하자. 불시에 무슨 소리가 나고 나무 그림자라도 얼씬했다고 치자.

이것이 우리들 얘기에서 주인공(主人公)과 적대역(敵對役)이 첫 대면하는 장면이다. 두 「드라마」의 주역은 싸움을 벌일 것이다. 주인공이 오금아 날살리라고 달아나기도 할 게고 아니면 까무러치기도 할 것이다. 때로는 쳐다보면 하늘 끝에 닿고 내려다보면 밑바닥에 붙은 그 괴물의 그림자와 씨름을 벌이기도 할 것이다. 그러다 기진해 쓰러질 수도 있는 것이다.

이것이 바로 도깨비가 사람을 홀리는 장면이다. 저자가 4, 5년 전에 지리산록(智異山麓)의 마을 운봉(雲峰)에서 만난 한 농부는 이 사연과 대차(大差) 없는 도깨비의 「메모리트」를 지니고 있었다. 이래서 도깨비는 얘기에서 얘기로 전해지면서 한국 사람들 마음속에 실재해 온 것이다. 한국 농촌의 「메모리트」로서 이무기[이심이·깡철이] 얘기와 짝이 되어 아직도 이 얘기를 자기 자신의 생활문맥(生活文脈) 속에 현존했던 사건으로서 얘기하고 있다.

경남(慶南) 산청군(山淸郡) 유평리(油坪里)의 한 농부는 그가 본 이심이 얘기를 흥분과 자랑을 섞어 저자에게 들려주었다. 비가 개고 제법 긴 날짜가 지났는데도 자기집 뒷 개울이 연해 흙탕물이기에 이상하다고 개울을 거슬러 올라갔더니 물줄기의 원천인 작은 굴 속에서 자꾸만 흙탕물이 솟더라는 것이다. 이상하다고 굴 속을 들여다보았더니 큰 구렁이 꼬리 같은 것이 꿈틀거리고 있더라는 것이다. 이 농부는 이것이 바로 이심이라고 생각했다. 그리고는 며칠 뒤 큰 벼락이 칠 때 그놈이 어디

론가 날아갔었는데 그 뒤 그가 밀양(密陽)에 들렀을 때 자기 고장의 이심이가 날아간 그 무렵 해서 외지(外地)에서 밀양에 이심이 한 마리가 날아왔다고 들었다는 것이다. 그는 이 밀양 이심이란 다름 아닌 자기 고장의 이심이었을 것이라고 주석조차 붙이는 것이었다.

이럴 때 이심이 애기와 함께 도깨비 애기까지 모두 한 인간이 어떤 사상에 관해 가지게 된 경험을 정리하는 양식(樣式)이다. 자연이 그에게 보여진 바를, 한 사물이나 사건이 그에게 현전(現前)된 바를 경험으로써 완결짓는 양식이다. 이 애기를 통해 자연관과 세계관을 정리하는 것이다. 그 속에 자연과 세계에 관한 해석이 있다.

도깨비 애기가 한국민담 가운데서도 아주 특징적인 것이라 해도 그와 비슷한 예가 다른 나라에 전혀 없는 것은 아니다. 구라파에서 「곡물창고(穀物倉庫)의 정령(精靈) 애기」라 불려지고 있는 것이 그 예다. 우리 식으로 표현하자면 물레방앗간 도깨비 애기라고나 불려질 만한 애기인 것이다. 이 구라파판 도깨비 애기도 「메모리트」란 성격을 갖추고 있다. 이런 점에 민담의 세계성(世界性)이 있다. 민담만큼 강한 향토색(鄕土色)을 지닌 것도 드물테지만 동시에 그것은 큰 세계성을 지니고도 있다. 민담은 향토문학(鄕土文學)이면서 아울러 세계문학(世界文學)이다.

일례로 「울포어스」의 신화는 희랍만의 것이 아니다. 이른바 지중해 문화권은 물론 북미(北美) 원주민들 사이에서도 분포되어 있는 애기다. 죽은 아내를 구해 내겠다고 명부(冥府)를 다녀오는 사람의 애기는 그만큼 세계성이 크다. 일부에서는 그 애기는 「샤머니즘」 원리에서 비롯된 것이라는 추정(推定)을 하고 있으나 결정적인 것은 아니다.

그 밖에 세계성이 큰 유명한 애기로는 『콩쥐팥쥐』, 『나무꾼과 선녀』, 『지하요괴(地下妖怪)에 잡혀간 공주 애기』 등이 있다. 이 애기들은 한국사람이면 누구나가 토속성(土俗性) 짙은 애기로 듣고 즐겼을 것이다. 누구나 한국다운 애기로 알고 있을 것이다.

민담의 향토성은 결코 폐쇄적이 아니다. 개방적(開放的)인 향토성(鄕土性) 그것이 민담인 것이다. 그 지역적 유기성(有機性)은 범인류적(汎人類的)인 보편성(普遍性)을 결코 배격하지 않는다. 짙은 민속성(民俗性), 그것은 인간생활 심층(深層)과 기저(基底)에 뿌리 박아서 핀 꽃이기에 인류 누구나의 심성(心性)이 지닌 빛을 발하고 향을 뿜고 있는 것이다.

(4) 도깨비의 등가적(等價的) 의미

자연과 사상(事象)에 관한 불가사의(不可思議)의 개인적 경험을 정리하고 해석하는 양식으로 존재하고 있는 도깨비 애기는 도깨비 자신의 속성이 등가적(等價的)임을 보여주고 있다. 여기서 등가적이라는 상반되는 두 개념·관념이 같은 비중을 지니고 한 사상의 속성을 규정짓고 있음을 의미한다.

도깨비의 등가성은 앞서 말한 도깨비의 변덕과 관계되어 있다.

도깨비가 무서운 놈인 것은 틀림없다. 청(靑)도깨비는 사람을 잡아먹기도 하는 것이다. 한국의 아이들은 도깨비가 무서워 밤나들이를 아주 싫어한다.

그러나 무섭기만 한 것은 아니다. 이놈은 아주 익살맞기도 하다. 바보스런 도깨비 얘기는 언제나 사람을 웃겨 준다. 세상에선 김씨(金氏)들을 보고 흔히 도깨비라 한다. 여기에는 두 가지 이유가 있다. 첫째는 도깨비에 한 다리 도깨비가 있는 것처럼 김씨(金氏)에 한 다리 김씨(金氏)가 있기 때문이다. 둘째는 도깨비는 바보여서 그가 처음 만난 사람이 김씨(金氏)라서 그 뒤부턴 무턱대고 사람보고는 다 김씨(金氏)라 불렀기 때문이다. 도깨비는 그만큼 바보다. 사람에게서 돈을 꾸어 가서는 꾸어온 액수대로 밤마다 가져다 갚아서는 사람으로 하여금 부자가 되게 한 도깨비 또한 사람 좋은 바보형(型)으로 전형적(典形的)인 희극적(喜劇的) 인물의 풍모를 지니고 있다. 이 도깨비는 그만큼 사람들에게 친숙감(親熟感)을 줄 수 있다.

소화적(笑話的) 성격을 지닌 도깨비가 바보스러운 데 비해 사람을 골리는 도깨비는 아주 간악(奸惡)한 성격을 지니고 있다. 밤에 길가는 사람을 해치려 할 때 그는 민담 속의 여우를 뺨치고도 남음이 있다.

물을 건너게 된 사람보고는 가시밭이 앞에 있으니 바지가랑이를 내리고 버선을 신고 건너라고 하는가 하면 가시밭을 지나가게 된 사람에게는 물이 기다리고 있으니 바지를 걷어 올리고 버선도 벗으라고 꾈다는 것이다. 놀부 죽은 넋만큼이나 심술궂다.

이 교활한 도깨비는 더러 제 꾀에 제가 넘어감으로써 웃음거리가 되기도 한다. 제 잘못으로 한 농부에게 속은 도깨비는 복수하겠다고 농부 뒤를 따라다니다가 농부가 밭에서 돌을 집어 던지는 것을 보게 된다. 「옳거니!」 한 도깨비는 그 밭에다 태산처럼 돌멩이를 쌓아 둔다. 그것을 눈치챈 농부는 「웬놈의 돌이야. 나를 골리려면 개똥을 쌓아 놓을 일이지」하고 중얼거렸다.
도깨비는 이 소리를 듣기가 무섭게 하룻밤 새에 돌을 말끔히
치우고 온 밭을 개똥으로 가득 차게 했다는 것이다. 덕택에 농
부가 푸짐한 수확을 올릴 수 있음은 말할 것도 없다.

무서운가 하면 익살맞고, 바보스러운가 하면 교활한 것이 도
깨비다. 이렇게 종잡을 길이 없는 도깨비는 재화(財貨)나 좋은
운수(運數)를 안겨 주는가 하면 흉변(兇變)을 몰고 오기도 한
다. 이때 그는 권선징악(勸善懲惡)의 줄거리를 쫓아 이른바 시
적(詩的) 정의(正義)의 명판관(名判官)이 되기도 한다.

" 옛날에 아주 마음씨 좋은 농부가 살았더란다"로 시작되는
이야기는 으레" 그래서 농부는 잘 먹고 잘 살았다"로 시작되면
그 얘기는 영락없이 주인공의 멸망으로 끝나게 되어 있다. 이
것이 한국 민담이 지닌 서술구조상(敍述構造上)의「안정의 법
칙」의 하나다. 이 안정의 법칙을 운용하는 것의 하나가 도깨비
다. 그런 점에서 도깨비는 운명의 줄을 쥐고 있다. 이래서 도깨
비는 헛것〔幻想〕 이상의 것이다. 선(善)은 선(善)을 낳고 악(惡)
은 악(惡)을 낳는다는 시적(詩的) 정의(正義)가 도깨비에서 구
현되는 것이다.

이때 도깨비는 사람을 잡아먹고 사람을 해치고 하는 악마에
서 일전(一轉)하여 선(善)의 현신(現身)이 되고 만다. 다만 이런
경우에도 그의 인상은 결코 엄숙하거나 어마어마하지는 않다.
섭리를 관장하는 존재의 근엄한 표정을 짓고 있는 것도 아니
다. 이럴 때도 그는 지극히 평범하다. 속은 것에 노여워하고 복
수하자 다시 기뻐하는 그런 인간적인 풍모를 지니고 있다.

바보스러우면서도 교활하고, 무서우면서 우스꽝스러운 도깨
비는 자신의 그 같은 등가적(等價的) 속성으로 재화와 행운을

배분하는 것이다.

턱없이 재수 좋은 일과 어처구니없이 운수 나쁜 일을 당했을 때 그 일들은 모두 불의의 경험으로 받아들여진다. 난데없는 일, 아닌 밤중에 홍두깨 같은 일, 타고난 불행이나 행운으로는 생각해 버릴 수 없을 만큼 당돌한 행(幸)과 불행(不幸)이 인간에게는 있는 법이다. 노름판에서의 운수 같은 것이라 생각할 수밖에 없는 일들이 인생에는 있게 마련이다. 그러한 삶의 불의(不意)가 도깨비를 낳는 것이다. 좋은 일이나 궂은 일이나 불의의 일이라서 도무지 도깨비 붙은 일만 같은 것이다. 「사흘 굶으면 양식 지고 오는 놈 있다」라든지 아니면 「계란에 유골」 같은 속담류(俗談類)의 행(幸)과 불행(不幸)이 있을 수 있는 것이다. 넘어져 코가 깨지는 뜻밖의 불행에다 도랑 치다 가재 잡는 불의의 요행이 겹치는 것. 그게 바로 인생이라면 별수없이 도깨비가 시켜 된 일이라고들 생각한 것이다.

이래서 도깨비란 선인(先人)들이 삶을 바라보던 눈길 속에서 자라난 것이다.

(5) 도깨비와 속신(俗信)

도깨비와 씨름하는 얘기가 많다.

앞서 언급한 바 그러한 상황이 갖추어진 곳에서 느닷없이 나타난 도깨비는 "여보게, 김서방 씨름이나 하세" 하고 싸움을 거는 것이다. 그래서 벌어진 씨름이건만 도깨비는 이내 그것이 한 다리라는 것이 드러난다. 사람은 그 외다리를 이용하여 쉽게 씨름에 이긴다. 밤중이라 쓰러진 도깨비를 나무에다 붙들어

맨다.

집에 와 밤을 새우고 어젯밤의 씨름의 현장에 가 보면 도깨비는 온 데 간 데 없고 다만 빗자루, 그것도 몽당 빗자루가 나무에 매어져 있게 마련이다. 그렇다고 꼭 빗자루이기만 한 것은 아니다. 오래 쓴 부지깽이, 절구공이 등속일 때도 있다. 더러는 그것들에 피가 묻어 있는 사례도 없지 않다. 피도 여자의 피인 것이 보통이다. 피도 이른바 「몸엣것」이 관례다.

이 사례들을 종합해 보면 부녀자들이 쓰는 살림연장 가운데 오래 썼고 또 피가 묻은 것이 도깨비로 화하는 셈이다. 그것이 도깨비의 정체(正體)의 하나다.

왜 이것이 도깨비의 정체로 간주되었을까. 도깨비 문제의 열쇠를 푸는 일의 하나는 여기에 있다.

이 도깨비의 표상(表象)에는 속신(俗信)이 관련되어 있다. 속신(俗信)이란 A를 B의 징후(徵候)로 보고 그 징후가 일어나지 않게, 또는 그 징후에 따라 행동하게 되는 일련의 관념을 의미한다.

가령 「돼지가 깃을 물어 들이면 비가 온다」는 말이 있다. 『한국속담집』(한국민속학회편)에는 「① 일기(日氣)에 대한 징험을 나타내는 말. ② 미련한 사람의 직감(直感)이 사실에 들어맞았을 때 하는 말」과 같이 두 가지로 해석되어 있다. 같은 말이지만 전자(前者)엔 속신(俗信)이 되고 후자면 속담(俗談)이다. 전자같이 해석한다면 돼지가 깃을 물어들이는 것을 보고는 장독대에 뚜껑을 덮고 혹은 빨래를 걷어들이고 할 것이다.

앞에서 말했듯이 여자가 오래 쓰고 여자의 피가 묻은 살림연장이 도깨비가 된다는 얘기의 「모티프」 뒤에 숨은 속신(俗信)은 과연 무엇일까?

　그것은 다름 아닌 여자「몸엣것」에 관한「터부」다. 여자의 생리는 사람의 죽음과 함께「터부」의 2대 원리라고 흔히 일컬어진다.「몸엣것」은 부정(不淨)한 것으로 남의 눈에 띄지 않게 말끔히 감추어져야 한다.「몸엣것」또는 그것이 묻은 것을 아무데고 버리는 것은 지극히 위험한 일이다. 부정(不淨)은 무엇보다 동티나게 하고 금축이 있게 한다. 재앙을 부르는 것이다. 가령 아궁이에 불을 지피다가 부녀자로 하여금 빗자루에 올라앉지 못하게 하는 것은 바로 이 때문이다. 피묻은 빗자루라면 영락없이 도깨비가 나타나는 것이다.

　그래서「몸엣것」을 아무데고 묻혀서는 안 된다.「묻히면 재앙이 일어난다」는 속신은 쉽게 생겨날 수 있는 것이다. 이 재앙이 무서운 도깨비의 화(禍)로 나타난다는 것은 있음직한 일이다. 이때 도깨비는 여자 생리에 관한 금기(禁忌)와 그에 관련된 속신이 낳은 상상의 산물이 되는 셈이다.

　그러나 피가 굳이 묻어 있지 않은 경우는 어떻게 될까. 이 경우는 좀 달리 설명해야 할 것이다.

　이 경우에는 감염주술(感染呪術)의 원리에 입각한 속신이 관련되어 있을 듯하다. 감염주술의 원리란 어떤 사람의 소유물 또는 한 대상의 부분 아니면 그 대상과 관련 있는 것에 주술을 가하면 그것이 소유자 및 대상 자체(對象自體)에까지 감염되리라 믿고 있는 관념의 체계를 말한다. 소유물일 때에는 소유자와 밀착되어 있어 소유주의 분신처럼 생각될 수 있는 것이 보통이다.

　밤에 손톱을 깎아 버리지 말라는 것을 비롯해서 머리칼, 잇발 등을 함부로 버리지 말라는 금기(禁忌)는 이 주술원리(呪術原理)에 관련된 것이다. 그것들에 저주(詛呪)가 가해지면 그것이 직접 그 주인인 사람에게까지 미쳐올 것이기 때문이다.

한 여인이 오래 쓴 빗자루, 절구공 등이면 그 여인의 손때가 오래 묻은 것이다. 늘 몸 가까이에 두고 있었던 물건이다. 그 여인의 몸의 일부처럼 되어 버린 물건이다. 이러한 물건도 손톱·머리카락이나 마찬가지로 아무렇게나 버릴 수 없을 것이 뻔하다. 버리면 재앙을 쉽게 당하는 것이다.

(6) 도깨비의 회색적 성격

이것도 저것도 아닌 저 회색의 도깨비가 지닌 정체를 여러모로 뜯어보았다. 도깨비는 한국인의 어떤 심성(心性) 속에서 어떻게 생겨났으며 한국사회 속에서 어떻게 그 기능을 다하면서 유기적(有機的)인 생명을 지닌 것으로 움직이고 있는가를 보아 온 셈이다.

이 땅에 살아 왔던 모든 사람과 살아 있는 우리들 모두의 의식의 표현으로 보았을 때 도깨비는 반분론적(半分論的)인 기준으로는 재단(裁斷)되지 않는 신비한 체험의 유발자(誘發者)로 나타났었다. 그 도깨비는 늘 이것도 아니고 저것도 아닌 의외의 일을 야기하는 인자(因子)이기 때문에 불의와 재난과 횡재수(橫財數) 사이를 오락가락할 수 있는 놈이기도 했다. 이때 도깨비는 선악(善惡)을 겸하고 있는 존재여서 논리의 피안에 있는가 했더니 웬걸 철저하게 시적(詩的) 정의(正義)의 법관(法官)이기도 해서 우리들을 또 한번 어리둥절케 한 것이다.

결과적으로 도깨비는 영적(靈的)인 것과 인간적인 것, 선한 것과 악한 것, 재난과 요행 등을 넘나드는 매우 복합적(復合的)

인 존재였던 것이다. 한국인의 의식 속에 이래도 저래도 안되는 것, 어떻게도 종잡을 수 없는 것, 걷잡을 수 없는 구름이나 안개 같은 것에 붙여진 이름이 도깨비였다고나 할까. 그것은 우리들의 의식의 안개 같은 것이다.

그것이 비록 구름 같고 안개 같은 것이기는 하지만 우리들 생활습속(生活習俗)과는 밀접히 맺어져 있었다. 그런 점에서 극히 현실적이라는 면모를 지니고 있었다. 속신(俗信)과 맺어져 현실 속의 생활의 이법(理法)으로 작용하고도 있었던 것이다. 그러나 본고는 아직도 속신에서 생긴 이 현실적인 도깨비와 반분론(半分論)에 관련된 도깨비를 연관짓지 못했다. 앞으로 따로 살펴져야 할 것이다.

구름인 듯하고 안개인 듯하면서도 엄연한 생활의 이법(理法)일 때 도깨비는 다시 한번 더 그 도깨비다운 속성을 유감없이 발휘하고 있는 것이다.

도깨비는 끝까지 도깨비인 것이다.

제3부 민 속(民俗)

표주박

1. 민속과 민속학

(1) 민속문화의 기층성(基層性)

제한된 지면으로 기층문화의 개념적 정의를 두고 많은 논란을 벌이는 것은 현명하지 못할 듯하다. 여기서는 기층문화를 민속문화와 동의(同意)로 보아 가기로 한다. 이것은 실제로 많은 논자들이 민속문화를 한국문화의 기층 내지 저변으로 보고 있는 현황을 고려에 넣은 결과도 되는 것이다.

현재 민속학은 1960년을 고비로 하여 양적으로 급격하게 늘어 갔고 지금도 그러한 추세는 계속되고 있다. 민속학 내부의 각 분야가 확대되고 방법론에서도 새로운 시도들이 의욕적으로 베풀어졌다. 그래서 민속학은 한국학 내에서도 가장 활발한 움직임을 보이고 있는 분야의 하나이다.

그것은 한국학의 다른 분야들에 대해서 그것들이 놓치기 쉬운 대중 내지 서민문화를 다루고 있다는 자부심을 갖고 있다. 대중의식 또는 서민정신은 민속학이 즐겨 내세우는 기치의 하나이다. 이럴 때 역사학 쪽에서, 혹은 문학 쪽에서 아니면 사상사 쪽에서 근대화를 가늠하는 기준의 하나를 서민의식의 고조에 두는 것을 의기양양한 눈으로 바라보기도 한다. 그래서 근자에 와서 주체의식과 함께 크게 「클로즈업」된 서민의식의 문제가 한국학에서 중추적 역할을 다하게 되리라는 기대에 부풀어 있기도 하다. 오늘날 민속학이 그 기대에 어울릴 만한 업적을 실제로 충분할 만큼 내고 있지 못하다는 자가비판이 없는 것은 아니나, 그렇다고 그 자가도취가 하루아침에 식어질 것 같지는 않다.

한편 민속학은 외래문화의 도가니격인 한국의 특질을 다루지 않을 수 없는 문화사와는 달리 고유문화와 내지 전통문화를 다루고 있음을 기뻐하고 있다. 남의 것에서 유래된 것이 아닌 제 것을 다루고 있다는 의식이 강한 것이다.

한때 이 의식이 지나치게 팽창하여 저 유명한 「불함문화론(不咸文化論)」을 낳기도 하였으나, 오늘날이라고 반드시 그러한 색채가 가셔진 것은 아니다. 문화적 「쇼비니즘」이 아주 청산된 것이 아니라는 의미이다.

민속학이 제 것을 다루고 있다는 의식은 오늘날 한국학이 전반적으로 요구하고 있는 주체성의 정립과 보조를 맞추어 그 걸음 소리가 한결 더 높은 감을 주고 있다. 이럴 때도 민속학은 한국학이 지닌 시대적 요청을 달성할 전위적(前衛的) 위치에 있는 듯이 보여진다.

그런가 하면 민속학은 또 그것이 한국의 전통성의 조사(照射)에 힘을 끼치려는 과제를 스스로 담당하고 있다. 이것은 급변하는 오늘날의 문화가 지니고 있는 불안한 국면에 대응하여 특히 강조되고 있는 듯한 느낌이다.

이처럼 오늘의 한국 민속학은 세 개의 징표(徵表)를 가지고 있다. 민중성·주체성 그리고 전통성이 그것이다. 이 삼자를 민속재(民俗財)에서 정립코자 하고 있는 것이다. 그리하여 민속재를 통해 모색될, 혹은 민속재에 내재(內在)하고 있을 이 삼자로 말미암아 민속재는 우리 문화의 기층으로 의식되어도 좋을 만한 것이다.

　본고는 그러한 문화적 기층성의 해명에 힘을 다하고 있는 작금의 한국 민속학의 상황을 개괄적으로 살피되, 민속학계(民俗學界)를 내적으로 천착하는 각도에서보다는 그것이 오늘날의 문화적 상황 속에 살고 있는 우리들과의 관계에 있어 어떤 의의를 갖고 있느냐 하는 각도에서 보아 가기로 한다. 이러한 각도의 설정은 본고가 읽혀질 대상의 성격을 고려해서 마련한 것이다.

(2) 민속문화적 존재론(存在論)

　민속문화가 문화 일반의 기층으로 의식될 때 민속문화에 대한 연구가 존재론적(存在論的)인 면모를 띠게 됨을 알게 된다. 민속문화가 지금껏 존재하여 온 문화 일반이 의거하고 있는 근거로 다루어지고 있다는 의미에서, 또 우리 문화 일반이 가지게 될 새로운 변화와 발전의 「틀」로서 민속문화가 남아 있어야 옳은가 어떤가 하는 물음이 제기되고 있다는 의미에서 존재론적이다. 민속문화의 이 같은 추세는 문화적 존재론이라고 불러도 좋을 듯하다. 그러나 문화적이기만 한 것은 아니고 때로는 인간적이기도 하다는 면을 아울러 지니고 있다. 이러한 민속문화의 존재론은 자아집착적(自我執着的)인 지향성을 지닌 것과 탈자아적(脫自我的)인 지향성을 지닌 것으로 나누어질 수 있다.

　전자는 사라져 가고 있는 전통문화에 대한 강한 향수를 지니고 이에 집착한다. 이럴 때, 자칫 학문적 애착과 민속적 애착이 뒤범벅이 되기 쉽다. 오늘날 문화의 범세계성이 언제까지나 외래적인 것으로만 보이게 되고 그것의 전파가 곧 전통문화에 대한 중요한 위협이나 도전으로 간주되고 만다. 학문이 민족적 자아를 지키는 보루가 된다. 남상기(濫觴期)의 민속학이 지녔던 낭만주의가 의연히 신봉되고 있는 듯한 느낌이다. 이 경우, 민속이 지닌 미덕이나 장점이 열거됨으로써 근대문화적인 낙후성이나 정치·경제적인 약소성을 대상(代償)할 수 있을 듯이 보이게 된다. 상당히 매력있는 일이다. 그러나 이 매력이 그 같은 낙후성이나 약소성을 부채질하기 쉬운 일면은 십분 경계되어야 한다. 이 경계가 소홀할 때 민속의 매력에 도취하는 것은 현실도피적인 자위행위에 머물게 될 것이다. 혹은 민족적 감상주의에 그치고 말 것이다. 한국학 가운데서도 가장 보수적이고, 가장 민족적일 수밖에 없는 숙명을 지닌 민속학이 의연히 「민족적 우월감」을 경계해야 함은 이 때문이다. 민속학의 민족주의는 적어도 민족적 우월감이어서는 안 되는 것이다.

경계해야 할 역기능(逆機能)에도 불구하고 자기 지향적인 민속문화의 존재론은 오늘날의 우리 문화가 처한 곤경과 그에서 유래되는 인간적 존재의 난국을 극복하려는 우리들의 과제에 보탬을 줄 만한 노력을 다해 왔다.

이 노력은 그 자체를 다시 두 갈래로 나누어서 살펴볼 수 있을 듯하다.

첫째가 민속재로서 민족의 과거에 회귀하는 관문으로 삼는 경향이다. 이 경향은 불안과 혼미(昏迷)의 현대 속에 살고 있는 우리들에게 다분히 전통의식을 갖게 하고 그리하여 우리들로 하여금 안심입명(安心立命)의 경지에 들게 하는 듯이 보일 때가 있다. 귀향한 자에게 안식감을 맛보게 하여 주었을 때 민속학은 오늘을 사는 우리들, 정신적 실향민(失鄕民)인 우리들에게

더없이 큰 매력거리였던 것이다.

　망향 열차의 이정표인 민속학, 민족의 향수를 달래주는 어머니 노릇을 하는 민속학, 도시 한 구석을 헤매고 있는 우리들에게 문득 돌아갈 고향이 있음을 일깨워 준 민속학은 현대인의 크나큰 위안이 되었던 것이다. 탈춤이 개발되고 연희(演戲)가 발견되어 우리가 그것을 놀고 보았을 때 맛본 감격을 민속학은 우리에게 선물한 것이다.

　그러나 오늘날까지 민속학이 애써 발굴한 민속재 가운데 많은 것들이 사라져 가고 있는 것들임에서 문제가 생겨난다. 민속재가 잔류물(殘留物)로서만 부각된 것이라면, 그 민속재를 통해 돌아갈 과거는 이미 우리들에게서 멀어져 있는 것이기에 과거 그 자체도 우리들에게서 멀리 있을 수밖에 없다. 잔류물로서의 민속재가 회귀하게 한 그 과거는 현재와 단절된 과거인 것이다. 거기 돌아간다 해도 오늘을 사는 우리들에게 직접 무슨 보람을 줄 것 같지는 않다. 잊혀진 과거에의 애잔한 그리움을 무마해주는 것을 제외하고는…….

　과거지향적인 눈앞에서 전통문화나 민속재는 오늘날 우리들이 갖는, 혹은 가질 문화의 기층 노릇을 할 수 없게 된다. 어떤 것이 우리의 과거이기에 오늘에 다시 살려야 한다거나 우리의 조상들이 남긴 것이기에 귀중한 것이라는 논리는 설득력이 없다. 혹은 어떤 민속재가 과거에 지녔던 그 의의 때문에 오늘날에까지 전승되어야 한다는 주장에도 힘이 없다.

　가령 동제(洞祭)가 마을 사람들의 공질감(共質感)을 긴밀하게 조직하는 중추의 하나였음이 민속학에서 자주 내세워지고 있다. 그것을 부정할 사람은 아무도 없을 것이다. 그러나 그렇다고 오늘날에도 그것이 한 공동사회 속에서 같은 기능을 다하게 보존되고 전승되어야 한다는 주장에는 동조할 수 없다. 40대 이하의 농촌 사람들 의식 속에서 동제(洞祭)가 마을의 풍요와 번영을 보장하는 신성원리(神聖原理)라는 생각은 차츰 희미해 져 가고 있는 것이다.

동제가 과거에 있어서와 같은 기능을 농촌 사회에서 다하고 있다고 가정해도 문제는 남아 있다. 그것은 동제의 지역적 폐쇄성(閉鎖性)의 문제다. 가령, A마을의 성역은 다른 마을의 사람에게는 적어도 A마을의 사람들에게 있어서만큼의 성역이 못 되고 있다. 극단적일 때는 남의 마을의 성역은 더 이상 성역이 아닌 것이다. 이 성역의 지역성은 성역에 관련된 금기에서도 잘 드러난다. 동제가 시행되는 일자(日字)를 전후하여서는 남의 마을 사람들은 부정(不淨)으로 간주된다. 다른 촌락의 사람들은 단순한 남이 아니라 신성을 해치는 악이다. 동리에 재앙을 가 져오는 장본(張本)이다.

「남」은 악이고 부정이라는 무서운 생각을 갖고 있다. 저 유명한 「민족적(종적) 우월감」의 축소판이다. 타민족을 마귀로나 괴물로 본 저 민족적 우월감이 마을 단위로 모습을 바꾼 것이다.

이러한 마을 단위의 종족 우월감은 동제가 지니고 있는 원리의 보편성, 제의 절차의 동질성 등에 대비시키면 매우 기이한 감을 주게 된다. 동제가 전체로는 하나의 종교이면서 성역은 폐쇄적이라는 모순 대립이 있는 것이다. 이러한 성역의 폐쇄성은 동신(洞神) 간의 싸움에서 잘 나타나고 있다. 동신의 싸움으로 마을끼리의 적개심이 불붙지 않는다고 보장할 수 없다.

이처럼 동제 성역의 지역적 폐쇄성이 강조된다면, 동제가 민족적 규모 내지 좀더 큰 단위의 공동사회의 단합을 위해 반드시 이로운지 어떤지가 다시 검토되어야 하리라 믿는다. 한 민속재는 그것을 뒷받침한 이른바「민간 이념」이 퇴조했을 때, 비록 그것이 전승된다 해도 이미 골동품화(骨董品化)하고 있는 것이다. 동제도 이에서 예외일 수 없다. 동제 저변에 있었던 민간이념이 쇠퇴했을 때, 또 그 역기능이 노정되었을 때 아무 비판 없이 의연히 동제가 우리들 과거의 민속재라 해서 오늘날에 살려져 전승되어야 한다고 주장할 수는 없을 것이다.

민속재나 전통문화를 과거지향적인 눈으로 대하는 태도를 역사의식의 소산이라 부를 수도 있을 것 같아 보인다. 그같은 역사의식만으로는 민속재나 전통문화를 오늘날 우리 문화 일반의 기층으로 수용하기에 충분하지 못하다. 시간을 수평적으로 거슬러 올라감으로써 오늘날이 의지할 근거를 찾으려 하는 그 노력은 그리 흡족하지 못한 것이다. 뿐만 아니라 과거에다 현재를 수평적으로 접속시키려는 그 의식은 제대로 역사적인 것이 못된다. 그것이 만일 역사의식이라면, 역사란 정체에 머물고 말 것이기 때문이다.

수평적 과거회귀(過去回歸)는 오늘날 우리들의 문화적 기층을 참답게 추구하는 행위가 못된다. 이처럼 해서 과거로 돌아가는 것은 필경 오늘날이 죽음을 향해 행진하는 것 이외의 아무것도 아니다. 오늘날 우리들 존재에 뿌리를 부식해 줄 듯이 보인 그 외모에도 불구하고, 그것은 오히려 우리들 존재를 뿌리째 흔들고 있는 것이다. 망향열차는 뜻밖에 죽음의 행렬이었던 것이다. 정신적 실향민의 자살행위였던 것이다.

수평적 과거회귀를 의식한 결과였는지 어떤지 아직 단정할 수 없으나, 이와 매우 대조적인 처지에서 민속재나 전통문화에서 오늘날 우리들의 기층을 찾으려 하는 노력이 베풀어져 왔다. 이것이 자기 지향적인 민속문화의 존재론이 가진 둘째 갈

래다. 이것은 수직적인 근원회귀(根源回歸)라고 불러도 좋을 듯한 노력이다. 전자가 겉으로 보기에나마 역사적인 데 비해, 후자는 반역사적 내지 비역사적이라는 특색을 갖고 있다. 굳이 대비시키자면 「사이비 역사주의」와 「반역사주의」로 맞세워 볼 수 있을 것이다.

수직적 근원회귀는 민속재나 전통문화를 문화일반의 기층으로 부각시키는 데 좀더 성공적인 듯이 보인다. 그것은 역사적 변화를 벗어난 「불변의 지속」이 역사의 저변에 어떻게, 어떤 모양으로 항존(恒存)하고 있는가를 살피려 드는 관건(關鍵)으로 민속재를 다루고 있기 때문이다. 역사적 문맥의 변화, 표현양식의 변천에도 불구하고 인간의식의 심층에 되풀이해서 남아 있는 불변의 인자(因子)를 추구하고 있는 것이다. 하나의 씨앗, 하나의 자[尺度]가 되풀이해서 모습을 달리한 꽃을 피우고, 서로 다른 모양의 옷을 마름하는 것을 보아내고 있는 것이다. 시대와 공간을 따라 달리 자라나는 문화현상들의 기저(基底)에 있는 하나의 모태(母胎), 단일한 배반(胚盤)을 드러내 보이고 있는 것이다. 때로 과거와 현재, 심지어 미래까지도 하나로 엮고 그것들을 하나로서 존재하게 하는 기저를 살피려 든다. 역사의 순간들을 「신태그매틱」(Syntagmatic)한 지속으로 의식을 하면서도 동시에 그것들을 「패러태그매틱」(Paratagmatic)한 계열소(系列素)로 다시 파악하고서는 그 계열소의 뿌리들을 보여준다.

이럴 때 우리들은 과거 지향적인 민속학에서 보다 더 본질적인, 더 깊은 존재의 뿌리를 얻은 듯이 느낄 수 있을 것이다.

과거와 현재와 미래를 통해 인간이 하나라는 의식, 그리고 이곳과 저곳의 인간이 하나라는 의식은 오늘날 인간소외의 문제로 시달리는 우리들을 얼마만큼은 진무(鎭撫)해 줄 수 있을 것도 같다. 그것은 인간존재는 결코 고도(孤島)가 아니고 언제나 하나요 전체라는 생각 속에서 우리들을 평안하게 해 줄 것이다. 오늘날 우리들 인간존재가 더 바랄 데 없을 근거를 얻은 것 같이 보일 것이다. 실존주의 이후 인간고립의 문제의식을 해소할 것처럼도 보일 것이다.

수직적 근원회귀는 오늘날의 우리들의 존재가 그 뿌리를 역사와 환경의 제약을 벗어난 상황 속에 내리고 있음을 보여준다. 역사와 환경으로는 어쩔 수 없는 것이 우리들의 존재임을 밝혀준다. 여기서 계몽주의 이후의 「휴머니즘」이 총결산되는 듯한 인상을 받는다. 드디어 인간은 역사와 환경에서 자유인 것이다. 근세의 자연주의와 유물론적 사회관에서 마침내 인간은 벗어난 것이다.

그러나 바로 이 자유에 문제가 있다. 역사와 역사의 테두리에 의해 제약된 환경에서는 자유로워졌다고 하자. 하지만 예기치 못했던 결정론의 함정이 숨겨져 있었던 것이다.

수직적 근원회귀는 이른바 「원초형」에의 회귀를 마음하고 있다. 그 원초형이 연속적이고도 반복적으로 시현되는 것이 인간 문화라면 인간 문화는 그 원초형에 의해 이미, 그리고 미리 제약되어 있는 셈이다. 인간 문화도, 인간 행위도 이미 있는 그것의 투영에 지나지 못한다면, 인간은 원천적으로 자유를 박탈당하고 있는 것이다. 이 결정론은 인간론적인 「네오플라토니즘」이라 부를 만한 속성마저 지니고 있다. 변증법이 부정되고 역사가 무산되고 만다. 역사가 환경에서 자유를 얻은 바로 그 순간에 보다 더 근원적으로 자유를 말살하는 모순을 수직적 근원회귀는 저지르고 만 것이다.

물론 이러한 모순이 의식된 나머지 「창조적 반복」, 「비연속적 회귀」 등의 말이 사용되고 있으나, 이 방면의 업적들은 아직은 그 「창조」나 「비연속」을 충분히 드러내보이는 단계에까지는 나가고 있지 않은 것 같다.

역사적 정의란 말이 함축하고 있듯이 근대의 인간들이 인간의 역사에 걸었던 기대가 무너지고 지성(知性)의 일각에서 역사가 미신이라는 소리, 아니면 역사는 군대를 사열하는 노장군에 지나지 않는다는 얘기가 일어나고 있을 때, 이 수직회귀의 반역사주의가 역사 없는 곳에 인간 존재의 근원이 있음을 보여준 공(功)은 결코 낮게 평가할 것이 못된다. 그리고 인간 구원이 역사 없는 곳에서 찾아지리라는 가능성을 시사한 보람도 적은 것은 아니다.

문제는 이 공과 보람을 더욱 값있는 것으로 확정짓기 위해서 앞에서 말한 「창조」와 「비연속」의 모습과 그 의의가 계속 추구되어야 할 것이다. 그것이 바로 결정론에서의 인간 해방을 가능케도 할 것이다.

부작용(不作用)이나 역기능(逆機能)에도 불구하고 자기지향적인 경향은 그 두 갈래에 있어 민속재와 전통문화를 긍정적으로 받아들이는 소성(素性)을 가지고 있었다. 이에 비해 탈자아(脫自我) 지향적인 경향의 존재론은 민속재와 전통문화에 대해 부정적이다.

근대문화 수용 이후 줄기차게 계속되어 온 「모더나이제이션」을 위해 그러한 것들이 결코 도움을 못 주었고, 앞으로도 못 주리라는 생각들을 갖고 있다. 새로운 존재 설정을 위해 그것들은 청산되어야 할 자아의 낡은 유산(遺産)임을 선언한다. 그것들이 자기 존재를 구축하고 있는 일부임을 부정하지는 않으나 그것 때문에 자기 존재에 잘못이 생겼고 앞으로도 그러리라는 신념을 갖고 있다. 그리고는 우리 문화 일반의 잘못된 죄를 민속재나 전통문화의 것으로 선고한다.

가령 한국 기독교의 한 속성(屬性)으로 자기 구원에 몰두한다는 것, 그리고 현실 사회에 집착한다는 것이 지적되는 경우를 생각해 보자. 기독교를 이처럼 받아들인 것은 한국인의「샤머니즘」적 속성 때문이라고 한다. 이때「샤머니즘」이 이른바 한국의'문화적「패턴」' 노릇을 한다고 진단된 셈이다. 그리하여 한국 기독교의 자기 몰두와 현실에의 집착은「샤머니즘」의 것이라고 단정된다. 자기 몰두는 일제 이래로 정치권력과의 타협(妥協)을 낳았고, 현실집착은 일제 이래 대중운동의 앞장서기로 나타났다는 것이다. 이 명제 자체가 이미 모순을 지니고 있다. 정치권력과 야합(野合)하는 이기성이 동시에 어떻게 대중운동의 전위(前衛)로 나타나게 되는 것인지 해명이 필요하기 때문이다.

이 명제의 자기 모순을 눈감는다 해도 문제는 의연히 남아 있다.「샤머니즘」이 없는 사회에서 기독교는 결코 정치권력과 타협하지 않았다는 증거가 제시되어야 할 것이고, 아울러 대중운동과 기독교는 전혀 무관하였다는 증거도 보여주어야 할 것이다. 물론,「샤머니즘」 사회에서「샤머니즘」이 대중운동의 선봉장 노릇을 했다는 증거가 제시되면 금상첨화(錦上添花)일 것이다.

온당하지 못한 유산에서의 자기 탈피는 백 번 하여도 나쁠 것이 없다.「샤머니즘」이 오늘날 우리들에게 받아들여져야 한다고 믿고 있는 사람은 적어도 지식층에서는 없을 것이다. 그리고 그것이 그리 바람직하지 못한'문화적「패턴」' 노릇을 했으리라는 것도 짐작은 할 수 있다. 그러나 받아들여지지 말아야 한다는 정책명제와 짐작만으로 자기 탈피가 시행되는 나머지, 논증력(論證力)이 박약한 주장을 하는 것은 과학적이 못된다. 서구인들에 의해 흔히 동양인에게는 주장은 있어도 논증이 없다고 지적된다는 사실에서도 스스로 탈각(脫却)하여야 하지 않을까 한다.

이 경우 논증의 박약은 민속재와 전통문화에 대한 이해가 부족한 때문이 아닌가 생각된다. 민족적 열등의식은 운위하지 않는 것이 좋을 듯하다. 철저한 자기 탈피를 위해서도 철저한 자기 이해가 필요할 것이다. 자아 탈피적 지향은 거의 한국학이 그 고유 분야가 아닌 사람들에 의해 차지되고 있다는 사실을 생각한다면, 이들의 이해부족의 책임은 자기지향적 경향 쪽에서도 져야 할 것이다. 한국학이 고유분야인들에 의해 민속재의 본체(本體)가 명확하게 제시되어야 할 것이다. 이것이 자기지향적 경향 이전에 민속학이 담당하고 수행했어야 할 과업이었던 것이다

(3) 전 망

한국 민속학이 더러는 보존이나 공연에 열을 올리고, 민족의식의 고취에 정열을 쏟고 하면서 한눈을 파는 경우가 없지도 않았으나, 그런대로 학문적 정도(正道)를 걸어왔다.

그것은 자료(資料)들의 작성과 민속지(民俗誌)의 기술, 그리고 해석학적 시도 등으로 이어지는 흐름을 따라 자라온 것이다.

민속학에서 자료 수집은 영원히 계속되어야 한다. 민속학은 현장 조사와 더불어 이루어져야 하는 현장학(現場學)이라야 한다는 명제에서 볼 때, 현장의 문맥(文脈)에서 유리된 자료는 그것이 아무리 현대에 우리와 더불어 살고 있는 세대들의 것이라 해도 결코 「살아있는 자료」는 아니다. 현장의 문맥 속에 있는 자료라야 비로소 살아 있게 된다. 이래서 민속학은 생물학이 된다.

그러나 아직도 민속학에서 자료와 민속지가 혼돈되고 있는 것은 불행한 일이다. 어느 한 민속재가 그 자체로서 아무리 치밀하고 정확하게 기재되었다 해도 그것은 어디까지나 자료일 뿐이다. 자료를 죽은 자료로 몰아 부치자는 뜻은 아니다. 자료는 그것대로 제일차적 자료로서 민속학의 뿌리 노릇을 다하고 있음을 과소평가할 수 없다.

그러나 자료와 민속지 사이에 분명한 선이 그어져야 하겠다는 명제는 의연히 강조되어야 한다. 민속지는 그것 자체로 이미 「학(學)」이다. 「스트라우스」의 『슬픈 열대(熱帶)』나 「말리노프스키」의 『원양항해』는 금세기가 낳은 탁월한 민족지(民族誌)이다. 그러면서 그것들은 금세기 인류학 그 자체의 고전이기도 하다는 것에 대해서는 아무 이론도 없을 것이다.

정확하고 객관적인 현상기술을 생명으로 할 민족지는 민속재 자체만의 기술로 끝날 수 없다. 민속재가 현장 문맥 속에 어떻게 전승되어 있는가, 어떻게 기능을 다하고 있는가, 민속재가 현장의 인간들의 어떤 의식을 표상(表象)하고 있는가, 민속재가 그 의식에 어떤 제약을 가하고 의식이 그 민속재에 어떻게 작용하고 있는가 하는 등의 여러 문제에 대한 해답이 조사자에게 주어진 그대로 기술되어야 한다는 의미에서 민속학은 현상 기술을 하여야 한다.

　이런 경지의 현상 기술은 이미 해석학적 과제를 지니고 있다. 한 표현체나 능기(能記)로써 인간 내심의 이해에 이르는 것이 해석이기 때문이다. 민속재로써 전승담당자의 의식에까지 미치는 행위가 민속학에 있어서의 해석이다. 민속학 내부에서 쓰이는 말로는 「포크 아이디어」(folk idea)에의 접근이 되는 셈이다.

　이처럼 해석의 수준에까지 다다른 현상 기술일 때 민속지는 그 자체로 완벽한 민속학에 이르게 된다. 이럴 때 민속학은 스스로가 하나의 인간학임을 입증케 될 것이다. 생활습속, 신앙, 민담 등이 인간과 더불어 있게 될 것이다. 그것들이 모두 인간에 관해 애기하고 있는 인간의 전승이 될 것이다. 사실 옛 애기처럼 인간다운 애기도 드물 것이다. 민요처럼 아름다운 노래도 없을 것이다.

　통과제의(通過祭儀)처럼 인간 행위의 중요한 고비에 자리잡고 있는 예도 그리 흔하지는 않을 것이다. 출생과 결혼, 그리고 취임(就任)에다 죽음, 그것들은 인생의 전부를 가늠하는 일들이다. 그럼에도 이들을 애기하면서 인간이 애기되지 않았다면 그것은 민속학이 스스로를 그 본령(本領)에서 소외시킨 꼴이 될 것이다. 민속학의 인간소외가 사실이라면 민속학은 그 가장 소중한 핵을 놓치고 있는 셈이다. 그 민속학은 민속학답지 않기조차 한 것이다. 민속학이 인간소외(人間疎外)를 겪고 있다면 민속학은 아직도 어느 변두리를 헤매고 있는 것이겠다.

　한국 민속학이 해석의 수준에까지 다다른 민속지를 작성함으로써 인간에 대해서 애기할 수 있게 될 때 분명히 한국 민속학은 새 국면에 접어들 것이다. 민속재가 문화의 기층이기만

한 것이 아니라 인간의 기저이기도 함을 보여주게 됨으로써 민속문화의 기층성이 인간의 차원에까지 깊어질 수 있겠기 때문이다.

2. 속담의 민간사고

비교적 근자에 이르기까지 한국사회는 전통지향적(傳統指向的)인 성향을 진하게 간직하고 있었다. 전통을 따라서 살고, 전통이 생활의 지표이자, 삶의 원리인 사회 속에서 우리들은 생을 영위하여 왔다.

언제인지 모르는 옛적부터 그래 왔고, 할아버지대(代)가 그랬었고, 또 아버지대(代)가 그랬었기에, 오늘의 나는 그 뒤를 이어, 그렇게 한다는 생각이 내가 행위하고 사고함에 있어 나를 움직이고 있었던 것이다. 행위한다는 것이 「따르는 것」을 의미하고 있는 듯이도 보이는 사회 속에서 생활해 왔던 것이다.

「옛말에 거짓 없다」는 속담은 그런 우리들 생활방식의 표현이다. 「어른 말을 들으면 자다가도 떡이 생긴다」는 단지 어린이만을 위한 속담이 아니다. 그 어른 속에는 웃대의 어른까지 들어 있는 것이다.

어느 농촌에서 「당(堂)굿」 현장을 보았다고 치자. 굿에 참여한 사람들에게 이 굿을 왜 하느냐고 물어서 얻는 대답 가운데 가장 흔한 것의 하나가 「웃대서부터 해왔으니까」라는 말이다. 이럴 때 「웃대」는 권위와 가치다. 그것은 설득력이다. 그 웃대라는 말 한 마디로 한 사회의 구성원은 특정 행동을 향해 움직여지고 수렴(收斂)되는 것이다.

「웃대」는 이미 주술어(呪術語) ― 주부(呪符) 노릇을 하고 있다. 그것은 오늘날 움직여 가고 있는 어제의 모습이다. 오늘을 살리는, 오늘의 힘으로, 오늘 속에 숨쉬고 있는 어제는 전통의 한 모습이라 불러도 좋으리라.

그러나 생활이나 행동의 원리가 옛 것 우위(優位)의 입장에서 일방통행적으로 가늠된다고 보는 것은 옳은 일이 아닐 것이다. 그렇게 본다면 현재는 과거 속에 묻혀버리고 따라서 한 사회의 역사는 자취를 감추고 말 것이다. 과거도 현재도 없는 시간 아닌 시간이 웅덩이처럼 우리 둘레에 고여 있게 될 것이다. 생은 오직 기계적 반복이고 말 것이므로 삶은「리듬」을 잃고 색조를 상실할 것이다. 무거운 정체(停滯)가 삶을 짓누를 것이다.

「예부터, 웃대서부터 그래 왔기에……」라고 일컬어지면서 과거에 속한 어떤 것이 현재에 의해 수용(受容)될 때에, 과거와 현재를 하나로 통합하면서 그들을 하나로 지탱하는 받침이 있어야 하는 것이다. 그 받침은 과거와 현재를 동시에 조망(眺望)하면서 그 사이에 교량이 있음을 보아내는 현재의 시점 속에선 인간의 통찰에 의해 존립하게 되는 것이다.

인간을 역사와 문화에 의해 달라져 가는 변화하는 존재로 본다면 이 통찰의 가정은 불가피한 것이다.

「십년이면 강산도 변한다」는 속담은 시간의 흐름을 변화로 인식하는 사고의 우의적(寓意的) 표현이다.「신선노름에 도끼자루 썩는 줄 모른다」는 속담은 그것을 주제로 하는 민담과 짝지어져 우리에겐 매우 친숙하다. 도끼자루는 나무꾼의 도구다. 그것은 민속 속에서 나무꾼의 세속적· 현실적 생활의 대유(代喩) 노릇을 하고 있다. 불변의 세계 모든 것이 항존하는 세계인 신선세계와 도끼자루가 대유하는 세속적· 현실적 세계가 대립해 있다.

썩지 않는 것, 구원의 것과 썩는 것, 변화하는 것이 대립해 있다. 이 속담과 민담 속에서 인간적인 것은 변화하는 것을 그 징표로 삼고 있다. 변화가 인간적인 것, 현실적인 것을 드러내 주는 변별적(辨別的) 특징이다. 시간이 멈추는 것은 피안적(彼岸的)인 세계에서나 환상적인 세계에서 비로소 가능해진다. 민담 가운데 멈추는 시간과 흘러서 변해가는 시간의 갈등을 그린 이야기들이 더러 눈에 뜨인다. 이 얘기들 속에서 흘러서 변해가는 것은 인간의 시간, 현실의 시간이다.

전통의 갱신: 변해 가는 것을 자신이 지닌 시간의 본성으로 알고 있는 인간에게 어떤 통찰 없이 과거와 현재가 하나로 보일 수는 없다. 변화를 넘어서서도 여전히 존재하고 있는 공통의 요소가 통찰될 때에, 그 요소를 계기로 하여 비로소 과거와 현재는 하나로 받아들여지는 것이다.

이 통찰(洞察)에 의해 현재 속에 살면서 현재를 움직이는 힘으로써 과거는 현전(現前)하게 된다. 통찰은 전통을 전통이게 하는 근원적인 힘이다.

이 통찰은 반드시 의식적인 인식작용에서만 생긴다고 말할 수는 없다. 그것은 오히려 반성적(反省的)이고 분절적(分節的)인 사고가 아닌 직관(直觀)에 의해서도 이루어진다. 그것은 세계를 경험하고 있는, 세계를 생활하고 있는 구체적이고도 총체적(總體的)인 지혜에서 마련되는 것이다. 따라서 그 직관이 우리에게 인지(認知)될 때에는 생활된 지혜, 구체적으로 경험된 지혜로서 나타난다.

「옛말에 거짓 없다」는 그 과거 지향성이나 「예부터 그렇게 해 왔기에……」라는 전통지향성도 이 통찰 위에 서서 비로소 설득력 있고 권위 있는 생활의 원리가 될 수 있다. 지금까지 열거한 몇 개의 속담과 하나의 민담이 시대를 이어가며 전승되어 올 수 있었던 것도 그 때문이다.

다른 말로 하면 민간전승은 이 통찰을 견뎌낼 만한 바탕을 갖고 있다고 말할 수 있다. 이것은 민간전승이 지닌 전통력이라 부를 만하다. 새로운 시대의 통찰을 견뎌낼 수 없을 때 민간전승은 오직 과거로만 머물고 말 것이다. 그것은 역에서의 소멸을 의미한다.

새로운 시대의 통찰이란 두말할 것 없이 그 시대를 사는 생에 즉(卽)한 통찰이다. 새 시대를 살면서 만나게 된 난관과 문제를 해결하여 가고자 결단하고 있는 생(生) 위에 서서 그 통찰은 행하여진다. 오늘의 문제가 갖는 맥을 짚어 보고는 그것이 과거와의 사이에 지닐 공통의 기저가 살펴지면서 해결에의 첫발을 내딛는다.

이럴 때 그 통찰의 주인은 전통을 갱신(更新)하고 거기에 새 바람을 불어넣는다. 그것은 개인에 의한 전승에의 저항이라 할 만하다. 그 개아자신(個我自身)과의 대결에서 전승은 변용되면서 다시 이어져 간다. 이래서 전승 속에서도 개인의 창고행위는 가능해진다.

종래 민간전승에서 집단성·대중성이 너무 일방적으로 강조되어 왔다. 민간전승, 곧 민중(民衆)이란 도식(圖式)이 통채로 삼켜졌다. 개인은 그 그림자가 매우 희미했다.

이제 우리 사회는 전통지향성을 서서히 그리고 조금씩 벗어나려고 애쓰고 있다. 전통일탈(傳統逸脫)을 마음하여 움직여 가고 있다. 당면과제인 근대화는 전통사회에서 멀어져가는 것을 따르지 않을 수 없을 것이다.

이럴 때일수록 전통에 대한 새로운 통찰이 필요할 것이다. 아무 생각 없이, 적어도 의식적인 반성 없이 그냥 받아들이고, 쓰고 하는 전통들에 대한 새로운 탐사(探査)가 요구되는 것이다.

속담은 일상생활에서 비교적 많이 쓰이고 있는 민간전승의 하나다. 생활에 끼치는 영향도 그만큼 클 것이다. 이 속담은 대체로 일상생활의 제국면(諸局面)에 대해 잠언(箴言) 노릇을 다한다. 생활의 지침노릇을 하고 생활을 편달한다. 풍자로써 경고하고 익살로써 자극한다. 어떻게 살지 말아야 하고 어떻게 살아야 한다는 처세술의 명저(名著) 노릇을 감당하기도 한다.

곡직(曲直)·직비(直非)의 대립: 따라서 그것은 민중의 논리요, 생의 철학이요, 처세술(處世術)이다. 속담이 민간의 세계관이나 인생관을 잘 나타낼 수 있는 것은 이 때문이다. 속담은 서로 어울러서 세상을 사는 민간의 관념의 체계, 사상의 체계를 구축해 갈 수 있다. 민간사고를 엮을 수가 있다.

본고는 오늘날 사는 사람으로서 이 속담이라는 전승을 통한 민간사고에 하나의 통찰을 가해 보자는 것이다. 그럼으로써 「전승 속의 오늘의 나」의 숨겨진 면모를 살피고자 한다.

「둘러 가나 질러 가나 가면 그만」이라는 것은 비교적 잘 쓰는 속담의 하나다. 수단이나 방법은 가릴 것 없고 목적만 달성되면 그만이라는 것을 강조하고 있다. 「모로 가나 기어 가나……」라는 변이형(變異形)도 존재하고 있다.

둘러가는 것은 곡선(曲線)을 그리고, 질러가는 것은 직선(直線)을 그린다. 양자 사이에는 곡직(曲直)의 대립이 있다. 또 전자는 우회곡절(迂廻曲折)하며 가는 것이고 후자는 직도(直道) 따라 직행(直行)하는 것이다. 양자에는 우회와 직도라는 대립이 있다. 선에서의 곡과 직이며, 행정(行程)에 있어서의 우회와 직도는 극대(極大)의 대립이다.

변이형에 있어서 「모로 가는 것」은 횡보(橫步)다. 옆걸음치는 것이다. 이른바 게걸음이라는 걸음걸이다.

게 어미가 모걸음치면서 새끼 보고는 바르게 걸으라고 타일렀다는 우화(寓話)가 있다. 이 얘기에서, 모걸음은 바르지 못한 걸음으로 의식되어 있다. 「미운 중이 고깔을 모로 쓰고 이래도 밉소 한다」라고 할 때 「모로」는 분명히 「얄밉게」, 「되지 못하게」, 「바르지 못하게」를 의미하고 있다.

「모로 가도 서울 남대문」이라 할 때 그 표현은 「바로 가도」만큼을 밑에 깔고 있다. 즉 「바로 가도 모로 가도 서울 남대문」의 생략형인 것이다. 그러므로 이에는 직횡(直橫)의 대립이 있다. 그 직횡의 대립은 직비의 대립에까지 나아갈 수 있다. 「미운 놈 모로 간다」고 할 때 그 모 걸음은 비(非)의 걸음이다. 기어가는 것은 서서 바로 걷는 것, 올바르게 걷는 것하고 대립해 있어서 이 경우에도 직비의 대립이 추출될 수 있다.

이 두 속담에 있어서 이처럼 직곡의 대립, 우회·직행의 대립, 횡직의 대립, 비직의 대립 등이 의식은 되면서도 그 대립 속에는 직에 대하여 직 아닌 것들이 맞서 있다. 즉 직(直)에 대해서 곡(曲), 우회(迂廻), 횡(橫), 비(非) 등이 맞서 있다. 그런 의미에서 이 대립은 직과 비직(非直), 직과 반직(反直)의 대립으로 압축될 수 있다. 따라서 이 두 속담은 직과 반직, 직과 비직의 대립과 그 차이를 십분 의식하면서도, 대립과 차이를 무시하려들고 있다. 이처럼 수단에 있어서의 대립이 의식적으로 무시되면서까지 목적만이 추구되고 목적만에 가치가 주어져 있다. 목적편향적(目的偏向的)인 사고방식이라서 목적편향주의라 이름 붙여 두기로 한다.

이 주의는 가치관 그것도 행동의 가치관과 맺어져 있기 때문에 논리적인 명제(命題)가 될 수 있다. 민간전승의 「에로스」적인 일면이다. 이 속담들은 그만큼 행동의 원리로서 널리 또 크게 작용할 가능성을 함축하고 있는 셈이 된다.

이런 속담이 극단화될 때 「수단방법을 가리지 말고 목적만 달성하면 그만이다」라는 명제가 형성될 수 있다. 따라서 이 속담에서 때로 반논리적인 행동을 유발할 수 있는 개연성(蓋然性)을 전적으로 배제할 수는 없다. 이러한 우려가 이 속담이 다할 수 있는 소극적인 기능에 불과한 것이라고 말해 버릴 수만은 없다. 그리고 결과에 대한 지나친 고려 때문에 정작 지금 당장 행동을 결단하지 못하는 우유부단을 막을 수 있을 이 속담의 긍정적 기능만을 편향적으로 강조할 수만도 없다.

편향적(偏向的) 사고방식의 위험성: 수단과 목적은 원인과 결과의 관계와 마찬가지로 대유적(代喻的) 관계를 형성하고 있다. 실제 언어생활에서 어느 한쪽 어사(語辭)만으로 다른 한쪽 어사를 대체할 수 있다. 「화투짝 가지고 산다」면 그것은 「노름을 직업삼아 산다」는 뜻이다. 노름의 방편인 화투가 노름을 대유하고 있다.

수단목적의 양자 사이에서 대유가 형성되는 언어생활을 영위하고 있는 집단에선 수단·목적 사이에 존재하는 유기적(有機的) 필연, 인과적(因果的) 유대(紐帶)가 인식되고 있는 것이다.

그럼에도 불구하고 수단·목적 사이의 괴리(乖離)가 무시된다는 것은 상당히 의도적인 것이다. 문제는 바로 이 점에 있다. 충분히 의식하고 있을 유대(紐帶)와 연관이 고의적으로 무시되고 있음은 갖가지 문제를 제기한다.

과학적인 사고방식의 핵의 하나가 인과율(因果律)일진대 수단·결과 사이의 연관성을 추적하고 그에 따르는 것도 과학적인 사고방식일 수 있는 것이다.

당연히 존재하여야 할 연관성이 무시되고 연관성을 이루고 있을 두 항(項) 중의 어느 하나만이 선택될 때「수단이야 어떻든……」또는「결과야 어떻든……」하는 편향적인 행위원리가 생겨나는 것이다.

이처럼 응당 존재할 연관성이 무시되고 연관성을 이루고 있는 두 항 중의 어느 하나만이 강조되거나 선택되는 사고행위를「점(點)의 논리」를 따른 것이라고 규정해 보자. 두 항 사이에 존재하는 연관을 따라 뻗어 가는 사고가 선을 따라 발전하는「선(線)의 논리」에 기대어 이루어지는 것과는 대조적이다.「점의 논리」는 확연(擴延)이 없는 논리, 일관성을 외면한 논리, 통합성이나 종합성을 결여한 논리다. 그것은 앞과 뒤를 내다보지 않고 보다 더 많이 이해관계가 얽힌 한 점에 집착한다.「눈 가리고 아웅」하는 면이 없지도 않다. 이해관계(利害關係)가 보다 더 크게 얽힌 점 이외에는 눈을 감는 것이다. 결과만 좋으면 수단이야 어떠했건 문제삼지 않는다.

이런「점(點)의 사고」가 현실 생활에서 어떻게 구체화하는가를 보면 문제는 더욱 심각해진다.「우선 한탕하고 보자」하는 생활방식,「부자만 되면……」또는「한 자리만 얻으면……」하는 행동양식이 이「점의 논리」에서 파생될 수 있다면 그것은 가공(可恐)할 만한 논리가 아닐 수 없다.

논리가 선상(線相)으로 발전하지 못하므로 근시안적이고 충동적인 행위가 유발된다. 생각을 익히고 가다듬고 전후를 살피지 않는 데서면 당연히 그럴 수밖에 없는 것이다. 길게 보는 눈, 길게 내다 보는 조망(眺望)은 오히려 거추장스럽게까지 느

껴질 것이다. 그런 것들은 행동이나 결단을 가로막는 우유부단
으로조차 보일 것이다.

「모로 던져 마름쇠」인데 굳이 바르게 던지는 것은 성가신 일
인 것이다. 바르게 던지는 것, 바르게 행동하는 것이 오히려 외
면당하고 있는 느낌이다. 「바르게 던져 마름쇠」는 고지식하고
어찌 보면 무능을 의미하게 될지도 모른다.

모로 가고 옆으로 가는 것이 오히려 유능으로 간주되고 효율
적인 것으로 간주된다면 비(非)와 곡(曲)이 오히려 가치있는양
고개를 치켜들 위험성마저 있게 된다. 바르게 행동하거나 합목
적적(合目的的)으로 행동한 결과가 모로 행동하고 비(非)합목적
적으로 행동해서 손에 넣은 결과와 같기만 한다면 오히려 모로
행동하기를 더욱 높이 평가하게 될 법한 기세가 있을 때 그 병
폐가 어떠하리라는 것은 짐작할 만한 것이다.

감정적 망집(妄執)의 저돌성 : 행위가 근시안적이고 충동적이
면 감정적이기 쉽다. 감상에 떠밀려 행동하기 일쑤다. 실상 「뭐
야 어떻든…… 결과만 좋으면 그만 아니냐」 하는 것은 논리를
짓밟은 감정적인 발언이다. 이론적인 고증으로 상대를 이해시
키려 드는 것이 아니고 감정에 호소하면서 굴복시키려 들고 있
는 진술이다. 스스로 논리적이지 못함을 알고 있는 이상 상대
를 지적(知的)인 진술로 설득시킬 수는 없다. 「초가삼간(草家三
間) 다 태워도 빈대 죽어 좋다」고 할 때에도 목적편향적(目的
偏向的)이다. 중간 과정에서 어떤 희생을 치를지라도 목적만
달성하면 그만이라는 거의 망집(妄執)에 가까운 집념이 거기
있다.

그 집념이 감정적이다. 의도한 바의 것 하나에만 전 신경이
쏠려 있다. 전후좌우가 전혀 고려되어 있지 않다. 물불 헤아리

지 않는 저돌성이 행동을 다그쳐 몰아가고 감정의 폭발과 병행하고 있다. 「홧김에 서방질」식으로 이지를 전혀 몰각한 파괴적인 행동이 거침없이 자행될 위험성이 「점의 논리」에는 따르기 쉽다. 이런 점을 고려했기에 작고(作故)한 한 정치가는 「빈대 미워 초가삼간이야 차마 태울 수 없다」고 발언해서 세간의 큰 공감을 산 적이 있었다.

「점의 논리」는 감정적인 충동을 가져올 뿐 아니라 단견(短見)에 시종(始終)하게 된다. 이것저것 따지다간 될 게 없다는 생각, 따지고 캐는 것이 오히려 행동을 막게 된다는 사고는 그 단견의 구체적인 면보다 「배고픈 호랑이가 원님을 알아 보나」 라는 식이다.

급할 때는 닥치는 대로 즉흥적(卽興的)으로 해치울 수밖에 없다는 것이다. 단견이기에 유연하게 기다리지 못한다. 앞날의 열 보다는 오늘의 하나에 먼저 손이 나가게 마련이다. 「나중에 꿀 한식기보다 당장 엿 한 가락」에 더 탐착(眈着)하는 것이다. 「미장이의 비비송곳 같다」라는 속담은 이것저것 두루 따져야 속 시원할 것 없음을 의미하고 있다.

두루 따지고 고루 캐는 것은 「비비 트는 일」 「비비 조이는 일」이다. 그저 도끼로 댕강 자르거나 칼로 싹뚝 잘라내 버리기를 함축하고 있다. 깊이 고려하고 심사하는 것은 미적지근한 것이다. 단도직입(單刀直入), 「소뿔도 단김에 뺀다」는 식의 즉각적인 행동이 촉구된다. 「새벽 달 보려고 으스름달 안 보랴」 눈앞의 일, 코앞의 일부터 우선 하고 보라는 말이다. 그저 매사에 「내 코가 석 자」고 「발등에 불」인 것이다. 기다리는 것, 참는 것은 「손주 제삿상 기다리기」인 것이다. 「아끼면 똥」이 되는 것이다.

이 단견은 늘 각박하다. 여유가 없고 말미가 없다. 무엇이나 그 당장에 해치워야 직성이 풀린다. 「벼락에 콩 구워 먹기」가 저질러지고 「우물 가서 숭늉 달라」는 조급함이 판을 치게 된다.

「벼르던 애기 눈이 먼다」니까 벼르고 기다리는 것은 아예 할 짓이 못 된다. 그저 주변 사정 볼 것 없이 「불난 강변에 덴 소 날뛰듯」 하기 일쑤다. 각박하게 쫓기고 단견에 허우적대면 전후를 내다볼 수가 없다. 그 사고가 점에 집착하는 수밖에 별도리가 없을 것이다.

목적에 가리고, 결과에 가려서 수단(手段)과 방편(方便)을 분별하지 못하고 감정에 막혀 이지(理智)를 작동(作動)하지 못하고 이해타산에 얽매여 사리를 놓치는 것이 「점의 논리」의 슬픈 결착(結着)이다.

이러한 「점의 논리」는 다시 원인· 결과의 괴리를 초래하기도 한다. 지금 당장의 눈앞에서 행해지는 일, 선택되는 행동이 장차 부를 만도 하건만 그 미래에 대해 눈을 감아버린다.

아집(我執) 속에 고립되는 개체들:「삼수(三水)· 갑산(甲山)을 가서 산전(山田)을 일궈 먹더라도」, 「기어 가나 모로 가나 남대문」이 수단· 방법을 돌보지 않고 결과에만 얽매이는 점의 논리였다면 이 「삼수· 갑산……」은 지금 당장에 매여 결과를 내다 보지 않는 점의 논리다.

양자는 서로 대조적이다. 「외상(外上)이면 소 잡아 먹기」가 예사고 「외상이면 잿물 먹기」도 사양하지 않는다면 이것들도 한치 앞이건 두치 앞이건 내다보지 않는 점의 논리다.

삼수· 갑산은 귀양살이의 오지(奧地), 세상의 끝, 인생의 종말 같은 곳이다. 산전(山田)은 평지에 있는 수전(水田) 아닌 산간 비탈진 곳에 자리잡은 밭뙈기, 그것은 갈고 곡식 짓기가 힘들뿐더러 설혹 애쓴다 해도 수확인들 오죽하랴……. 간난신고(艱難辛苦)의 신산(辛酸)이 극한 생(生)일 것은 뻔한 일이다. 그런데도 삼수·갑산 산전살이를 개의치 않고 지금 당장 무엇인가를 해야겠다고 마음 먹을 때「삼수 갑산을 간다 해도……」의 속담이 내뱉아진다. 물불 헤아리지 않는다는 저돌성에 있어서는「모로 가도 남대문」과 마찬가지다.

나중이야 어떻든, 결말이야 어떻게 나든 우선 하고 보자는 이 사고에는 미래가 없고 현재만이 있다. 미래와 현재의 단절, 결과에서의 원인의 박리(剝離)— 이 사고가 논리의 연쇄를 무시하고 있음은 명약관화(明若觀火)다. 굳이 연쇄를 도외시하고 매듭을 잘라버리려 드는 사고의 고립성, 사고의 분자화(分子化)다.

생각이 토막토막 갈라지고, 지리멸렬인 사람에게 총일적(總一的)인 세계관, 통일성 있는 인생관을 기대할 수는 없을 것이다. 그의 행동은 앞뒤가 당착(撞着)되기 십상일 것이고 좌우가 사뭇 흔들릴 것이다.

자신을 세계의 가운데 놓고, 자기를 인간들 가운데 놓고서 스스로를 생각하고 스스로의 자리를 잡지 못할 것이다. 그는 그를 세계에서 떼고, 남들에게서 분단하여 생각할 것이다. 개아(個我)의 고립, 개체의 분자화가 초래될 것이다. 무서운 개아편향〔에고 센트리시즘〕의 인간이 되고 말 것이다.

남이야 어떻든……, 세상이야 어떻게 되든 나만은……이라는 생각을 그는 하게 되고 그렇게 행동할 것이다. 이것이 개아중심의「점의 논리」임은 쉽게 이해될 것이다.

원인과 결과, 수단과 목적의 연관에 있어서의「점의 논리」가 종적(縱的)이고 시간적인 것이라면 개아중심의「점의 논리」는 횡적(橫的)이고 공간적(空間的)이다. 전자의 경우 원인과 결과, 수단과 목적이 시간적 전후 관계로 표현될 수 있다는 점을 상기코자 한다.

개아중심의 「점의 논리」는 「내 코가 석 자」인 경우요, 「내 발등에 불 떨어졌다」는 경우다. 남을 돌아 보고 이웃을 처다볼 겨를이 없다. 자신에게는 오직 자기가 보일 따름이다. 「물에 빠진 놈 건져 주었더니 보따리 찾아 달란다」는 애기처럼 남들은 다만 자신만을 위하여 있을 뿐이다. 「고집이 사촌보다 낫다」고 할 때 자기고집(自己固執)이, 아집(我執)이 삶을 꾸려가는 최선의 반려로 인지되어 있다.

「남이야 전신주로 이빨을 쑤시든 말든……」 「남이야 뒷간에서 고기를 낚기로서니……」이라고들 할 때 남들은 단연코 배제되어 있다. 감정적일 정도로 배타적이다. 타협이란 절대로 있을 수 없다. 전신주로 이빨을 쑤시는 일이나 뒷간에서 하는 낚시질이나 모두 있을 것 같지도 않은 불합리다. 극도의 모순어법(矛盾語法)이다. 절대로 보편성이 없는 일, 객관적 합당성이 없는 일이다. 어떤 불합리를 저질러도 어떤 모순을 범해도 남들의 용훼(容喙)를 용납치 않겠다는 거의 단말마적인 아집이다.

대립의 지양(止揚) 위에 자기확립 : 「남이야 뒷간에서 낚시질을 하건 말건」은 근자에 와서 아주 흔하게 쓰이고 있다. 단순히 흔하게 쓰이고 있을 뿐 아니라 그 변이형이 많다. 「남이야 지게지고 제사를 지내건 말건」은 그 한 예이겠으나 쓰는 사람에 따라 적절히 변형되어 그때그때 상황에 맞게 다양하게 쓰이고 있다. 그만큼 유행성이 크다. 유행성이 크다는 것은 이 말이 넓고 큰 사회적 공감을 불러일으켰음을 시사한 것이다.

「남의 사정 보다 갈보 난다」는 인간유대(人間紐帶)의 단절을 오히려 환영하고 있다. 「남의 소 들고 뛰는 건 구경거리」에서 인간의 사회성은 완전히 박살당하고 있다. 「남의 염병이 내 고뿔만 못하다」고 할 때 인간애(人間愛)는 오히려 웃음거리다. 이 일군의 속담들이 「남이야 어떻건 나만은……」하는 개아중심의 「점의 논리」가 빚은 자아편향(自我偏向)임은 더 말할 나위 없겠다.

이 개아중심의 점의 논리는 「넓이의 논리」, 「확연(擴延)의 논리」와 맞서 있다. 그것은 종적인 점의 논리가 「선의 논리」, 「발전하는 논리」와 맞서 있는 것과 같다.

넓이의 논리에 맞서 있는 「점의 논리」보다 한결 반논리적이다. 그것은 반「휴머니즘」적이기도 하다.

거기에 인간은 세계 내 존재가 아니고 세계에서 단절되는 것이 더 바람직한 존재인 것이다. 자아를 세계와 더불어 온전히 생각하는 것이 마치 자기상실인양 간주되어 있다. 그 극단에 이르러서는 「인정사정(人情事情) 볼 것 없이……」의 비정을 낳은 것은 뻔하다.

종적인 점의 논리와 마찬가지로 횡적인 점의 논리가 감정적이고 충동적인 행동을 촉발한 것은 당연하다. 「나야 무슨 불합리를 저지르건, 어떠한 모순을 굳이 범하건 남이 무슨 상관이냐」고 할 때 이지의 편린(片鱗)도 엿볼 수 없다. 그저 「불에 덴 소 날뛰듯」할 것이고 「불난 강변에 덴 소 날뛰듯」할 것이 뻔하다. 이지와 사려는 행동을 가로막는 장애일 뿐이다. 이래서 점의 논리는 이지의 논리 아닌 감정의 논리가 되고 만다.

이상에서 두 개의 「점의 논리」를 보아 왔다. 하나가 종적인 「점의 논리」고 다른 하나가 횡적인 「점의 논리」다. 전자는 전후를 내다 보지 않고 후자는 좌우 주변을 고려하지 않는다. 오직 코

앞을 바라보고 있을 뿐이다.

이 두 점의 논리는 서로 전환될 수 있다. 하나는 축(軸)을 세로로 세운 것이고 하나는 축을 가로로 눕힌 것이다. 같은 축을 세로로 하느냐 가로로 하느냐의 차이밖에 없다. 동공(同工)의 이곡이고 같은 구조의 대조적인 변이일 뿐이다.

그 같은 구조는 「뭐야 어떻건 뭐만 하면 그만이다」로 나타내어질 수 있다. 혹은 「뭐면 어떠랴, 뭐만 되면 그만이지」로 표현될 수도 있다. 이 구조 속의 「뭐」에다 종·횡 어느 쪽이든 항목만 갈아 넣으면 실제 살아 있는 두 점의 논리가 형성될 수 있다.

그것은 대립에서 오는 갈등이나 긴장을 견뎌내지 못하고 있다. 대립을 수용하고 긴장·갈등을 받아들이면서 초월, 지양해 가는 통합적인 발전은 기대할 수가 없다. 자포자기적인 심정으로 한쪽을 포기한다.

그 생은 늘 편향적이고 이지러지게 마련이다. 조화가 없고 균형이 없어 늘 쓸쓸하다. 화가 나 있고 감정적인 데다 신경질적이다.

이 같은 기본적 횡조 속에서 우리 「민간 사고」, 「민속적 사고」의 틀을 보아내는 것은 괴로운 일이다. 「하늘 보고 침뱉기」만큼 어리석은 일이기도 하다. 「남의 흉이 하나면 제 흉은 열」이라는 속담 생각이 나서 얼굴이 붉어지기도 한다.

하지만 스스로 자신을 알고자 하는 노력 때문에 자신을 좀 나무라고 욕하기로서니 무슨 죄가 그리 클까 하고 자위한다. 「너 스스로를 알라」는 것은 조금이라도 형이상학적인 사고를 하는 사람에게 있어 지상명제(至上命題)의 하나가 되리라 믿는다. 민속은 무엇보다도 나 스스로의 존재의 「틀」이기 때문이다.

그것이 곧 나의 거울이고 너의 거울이기 때문이다. 나무라면서도, 따지면서도 필경 언제까지나 들여다 보아야 할 인간의 거울이기 때문이다.

●**저자**●

김열규(金烈圭) 서울대 국문과 및 동 대학원 졸업
하버드대 연경학회 및 UCB 한국학연구소 객원교수,
충남대 조교수, 서강대 국문과 교수 역임
현재 인제대 교수

저서
『한국민속과 문학연구』, 『한국인의 시적 고향』,
『한국인의 신명』, 『한국신화와 무속연구』,
『시적 체험과 그 형상』, 『한국문학사』,
『한맥원류』, 『한국의 무속문화』, 『국문학개론』 등 다수

神話 / 說話

●발행일	2001년 10월 26일
●2 쇄	2003년 04월 30일
●지은이	김열규
●펴낸이	채종준
●펴낸곳	한국학술정보(주)
	경기도 파주시 교하읍 문발리 파주출판문화정보산업단지 538-2
	전화 031) 908-3181(대표) · 팩스 031) 908-3189
	홈페이지 http://www.kstudy.com
	e-mail (e-Book 사업부) ebook@kstudy.com
●등 록	제일산-115호(2000. 6. 19)
●가 격	20,000원

ISBN 89-534-0362-6 93380 (Paper Book)
　　　　89-534-0363-4 98380 (e Book)